# EUSTACHE LE SUEUR

Cette étude est extraite du tome II de l'ouvrage intitulé : *Études sur l'Histoire de l'Art*, par M. L. VITET, de l'Académie française, 4 vol. gr. in-18. — A Paris, chez Michel Lévy frères, libraires-éditeurs, rue Vivienne, 2 *bis* ; et boulevard des Italiens, 15, à la Librairie Nouvelle.

# EUSTACHE
# LE SUEUR

PAR

L. VITET

DE L'ACADÉMIE FRANÇAISE

PARIS

E. DE SOYE, IMPRIMEUR-LIBRAIRE

**Dépôt rue de Mézières, 6.**

# EUSTACHE LE SUEUR

---

Eustache le Sueur naquit à Paris en 1617. Son père, Cathelin le Sueur, était originaire de Montdidier en Picardie; simple tourneur en bois, d'autres disent sculpteur, mais assez médiocre, il sut pourtant reconnaître de bonne heure les dispositions de son fils pour le dessin. Ne se sentant pas de force à lui servir de guide, il se hasarda à le conduire chez le peintre alors à la mode, le peintre tout-puissant, le premier peintre du roi, Simon Vouet. En voyant les essais du jeune le Sueur, Vouet consentit à le recevoir dans son école.

Vers la même époque, un autre enfant, moins âgé de deux ans, fils aussi d'un sculpteur, était introduit dans l'atelier de Vouet; il se nommait Charles le Brun; et, comme si la destinée de ces deux hommes n'eût pas voulu se démentir un seul jour, tandis que le Sueur était admis par grâce, peut-être même par charité, le Brun se voyait reçu avec empressement et déférence. Un puissant personnage, le chancelier Séguier, lui avait ouvert la porte, et s'engageait à le protéger de sa bourse et de sa faveur.

Dans ce même atelier, où, avec un empressement jusque-là sans exemple en France, une foule de personnes de toutes conditions venaient s'initier à l'art de la peinture, on remarquait un jeune homme de Troyes en Champagne, nommé Pierre Mignard, qui touchait alors à sa vingtième année, et possédait déjà un pinceau si facile et un si grand don d'imitation que son maître signait parfois ses tableaux sans scrupule. Vouet, qui aimait l'argent et qui voulait profiter de sa vogue, avait pris son élève en extrême affection ; il se proposait même d'en faire son gendre ; mais le jeune peintre, comme tous ceux de ses camarades qui se vouaient sérieusement à leur art, étaient atteint d'une passion irrésistible qui ne lui permettait pas de faire un long bail avec son maître et avec Paris.

L'Italie, visiter l'Italie, telle était l'idée fixe qui possédait alors nos jeunes artistes français. Pendant longtemps c'étaient les peintres italiens qui étaient venus chez nous par colonies : les nôtres alors étaient peu voyageurs et ne franchissaient les monts qu'à de rares intervalles. Mais depuis la fin des troubles, depuis l'entrée du roi Henri dans Paris, et surtout depuis son mariage, les rôles étaient changés, et c'étaient nos artistes qui se précipitaient sur l'Italie. La beauté de ses chefs-d'œuvre, qui durant le siècle précédent n'avait pas été universellement comprise en France, avait fini par devenir tellement incontestée, la renommée en était tellement retentissante que le public ne reconnaissait plus pour peintres que ceux qui revenaient de ce pays-là, et que les jeunes gens couraient y chercher leur brevet de maîtrise, leur baptême d'artistes, et je ne sais quelles recettes merveilleuses pour avoir du génie. Deux sortes d'émigrations étaient alors également nécessaires : les nouvelles Indes pour qui voulait faire fortune, l'Italie pour qui voulait se faire un renom dans les arts.

Aussi, quelque grande que fût la célébrité de Vouet, quel que fût son crédit auprès de Louis XIII, qui prenait de ses leçons quatre fois la semaine, cette fièvre de voyages faisait de continuels ravages dans son atelier. Malgré ses instances pour retenir les plus habiles, chaque année lui enlevait un certain nombre de ses bons élèves. Ce fut bientôt le tour de Pierre Mignard. Il alla rejoindre son ami Dufresnoy, parti deux ans auparavant; et quelques années plus tard le Brun, auquel le chancelier Séguier assurait, outre les frais du voyage, une pension pendant six années, se mit à faire aussi ses préparatifs de départ.

Quant à le Sueur, soit qu'il n'eût ni argent ni patron, soit pour toute autre cause, il restait à Paris, et voyait, le cœur gros, on peut le croire du moins, ses camarades, l'un après l'autre, entreprendre ce doux pèlerinage.

Il ne savait pas que c'était sa bonne étoile qui le retenait loin de cette Italie si belle, mais si dangereuse. Sans doute il perdait l'occasion de fortes et savantes études ; mais que de piéges, que de contagieux exemples n'évitait-il pas ! Aurait-il su, comme Poussin en fut seul capable, résister aux séductions du présent pour ne lier commerce qu'avec l'austère pureté du passé ? Son âme tendre était-elle trempée pour cette lutte persévérante, pour cet effort solitaire? N'aurait-il pas cédé? Et alors que seraient devenues cette candeur, cette virginité de talent qui font sa gloire et la nôtre, et qui, par un privilége unique, lui ont fait retrouver dans un âge de décadence quelques-unes de ces inspirations simples et naïves qui n'appartiennent qu'aux plus beaux temps de l'art?

Laissons-le donc se désoler et jeter des regards d'envie sur cette terre qu'il ne verra pas; laissons-le racheter à force de veilles et d'études ce qu'il croit le tort de sa mauvaise fortune; et, pendant qu'il travaille à s'affranchir de l'enseignement qu'il a reçu et à se frayer des voies nouvelles vers un but encore vague dans sa pensée; pendant qu'il se promène en rêvant dans ce cloître des Chartreux où quelques années plus tard il devait s'immortaliser, et où dès lors il venait étudier la simplicité des draperies et le naturel des expressions, suivons ses condisciples en Italie, et cherchons ce qu'étaient devenus la peinture et les peintres dans cette patrie de Masaccio et de Raphaël; puis nous jetterons un coup d'œil sur la France, et, après avoir indiqué ce qu'avait été chez elle la peinture durant le siècle précédent, ce qu'elle était à l'époque où nous sommes, c'est-à-dire vers

1640, nous serons mieux en état de poursuivre le récit de la vie et des ouvrages de notre jeune artiste, et de l'apprécier avec vérité, lui et ses contemporains.

---

# I

L'Italie, pendant le quinzième siècle, avait mis au monde tant de peintres éminents, qu'une période d'épuisement et de stérilité succéda brusquement à cette exubérante production. Dès qu'on a passé les premières années du seizième siècle on ne voit plus rien germer, tout commence à tomber ou à se flétrir. Regardez après la mort de Corregio, en 1534, ce qu'il restait encore de cette puissante génération dont il était un des plus jeunes représentants. Raphaël n'était plus depuis quatorze ans ; Giorgione, Bellini, Fra Bartolomeo, Léonard de Vinci, le Pérugin, André del Sarto l'avaient précédé ou suivi dans la tombe : de toute cette famille de peintres immortels il n'y avait de vivants que

Michel-Ange et Titien, tous deux âgés d'environ soixante ans, mais destinés, il est vrai, l'un et l'autre à devenir presque centenaires. Michel-Ange était à la veille de renoncer à la peinture pour se livrer exclusivement aux travaux de Saint-Pierre. C'est en 1541 qu'il termina son *Jugement dernier*, et depuis ce moment il ne toucha plus ses pinceaux. Quant à Titien, il peignit, je crois, jusqu'à sa quatre-vingt-dix-neuvième année; mais, quelque temps après sa soixantième il entreprit ses voyages à Barcelone et en Allemagne, et l'on sait qu'après son retour ses tableaux n'ont plus offert qu'un reflet assez pâle de ses brillantes qualités, et que, semblables aux dernières tragédies de Corneille, ils ne doivent pas figurer dans ses œuvres. On peut donc dire que vers 1540, tous les grands peintres de l'Italie avaient cessé ou de vivre ou de peindre, et, depuis cette époque jusqu'à celle où commence à paraître dans sa maturité une nouvelle génération dont tout à l'heure nous ferons connaître l'origine et le caractère, on voit s'écouler près d'un demi-siècle d'interrègne.

Pendant ce temps, la peinture disparut-elle avec les peintres? Tout au contraire, jamais, à aucune époque, les tableaux ne furent aussi nombreux. Chacun de ces grands hommes venait de former une foule de disciples qui, se répandant sur toute l'Italie, l'eurent bientôt transformée en une vaste manufacture. C'est alors que commence l'histoire des écoles, histoire que les critiques italiens développent avec une admiration si complaisante, mais qui n'est en réalité qu'une affligeante démonstration de l'infirmité de l'art moderne et de l'éphémère fragilité de ses plus beaux triomphes. Ces prétendues écoles, qui auraient dû perpétuer sinon le génie de leurs fondateurs, du moins leurs traditions, leur esprit, qu'ont-elles fait? En est-il une seule qui soit restée fidèle à son drapeau? A-t-on vu les élèves marcher avec constance et respect sur les traces de leurs maîtres? A défaut de nouveautés originales que l'époque se refusait à produire, a-t-on continué à cultiver parallèlement, et en face les unes des autres, ces méthodes si diverses dont la variété formait un spectacle si beau et si complet? Non; au bout de quelques années les leçons étaient oubliées, les exemples abandonnés; un certain goût banal et conventionnel pénétrait dans tous les ateliers et leur donnait à tous une même physionomie.

A vrai dire, il n'y eut plus dès lors en Italie ce qu'on peut appeler des écoles, et quand on emploie ce mot, on lui prête un sens purement géographique. C'est parce qu'un homme est né sur la rive droite du Pô plutôt que sur la gauche, ou bien à une demi-lieue en deçà ou au delà des Etats de l'Eglise et de ceux de Florence, qu'on l'incorpore dans l'école vénitienne, dans la romaine ou dans la florentine, sans qu'il y ait la plupart du temps entre sa manière et le style des chefs de ces écoles le moindre trait de ressemblance. Etranges classifications qui prouvent l'impossibilité où se seraient trouvés les historiens de distinguer les uns des autres tous ces peintres du second ordre, s'ils eussent voulu les classer d'après leurs œuvres; ils ont choisi ce qu'il y a chez eux de plus caractéristique, le lieu de leur naissance.

Ainsi les divins créateurs de la peinture italienne ont à peine cessé de vivre que leur création s'altère et se décompose; leur noble semence produit des fruits bâtards; tout ce qu'il y avait en eux d'exquis, de céleste, d'immortel, s'évanouit et disparaît avec eux. Le plus pur de tous, celui dont les exemples devaient être sacrés, dont le souvenir devait être un culte, Raphaël, que reste-t-il de son style, de ses leçons, quelques années après sa mort? Son disciple favori, Jules Romain, n'est-il pas immédiatement surpris en flagrant délit d'infidélité et d'oubli? Est-ce l'image de son maître qu'il avait devant les yeux, est-ce à son influence qu'il obéissait quand il promenait si cavalièrement son pinceau sur les murs des palais de Mantoue? Je ne parle pas de ces tons de chair couleur de brique, de ces teintes noirâtres, de ces ombres outrées, ce sont chez lui de vieilles habitudes ; mais pourquoi ces tours de force, ces attitudes tourmentées, ces compositions confuses, ces expressions grimaçantes? Qui pourrait deviner, sauf dans quelques ravissants détails d'ornementation, qu'il y a dix ans cet homme passait sa vie dans la contemplation des types de la plus suave beauté, que l'étude de la nature et de l'antique était sa loi, sa religion? Et les autres élèves bien-aimés, le *Fattore*, *Perino del Vaga*, ne se hâtent-ils pas aussi de répudier l'héritage du maître? Ne dirait-on pas qu'ils sont pris d'horreur pour tout ce qui ressemble à la grâce et à la beauté? Ne se jettent-ils pas avec passion dans ce genre exagéré et théâtral contre lequel ils devaient être si bien aguerris?

Il est vrai que le maître lui-même, dans les derniers moments de sa trop courte vie, leur avait donné un dangereux exemple. Le doute était entré dans son âme : cette image de la beauté simple et primitive, que jusque-là il avait adorée avec la ferveur d'un croyant, il commençait à la regarder d'un œil presque hérétique. Tout en protestant contre les novateurs, il se lançait, bien qu'avec prudence, dans la voie des innovations. Comment ses successeurs se seraient-ils faits les champions de son style et de ses préceptes, lorsque lui-même avait donné le signal de la désertion? Et le vieux Léonard, cet austère gardien des traditions du siècle passé, n'avait-il pas aussi, avant de quitter l'Italie, fait quelque petite infidélité à sa propre école? Son fameux carton de Florence était, dit-on, un chef-d'œuvre; mais était-il exempt d'une certaine exagération, d'un certain désir de faire effet à tout prix? L'entraînement était donc général; les forts comme les faibles, les vieux comme les jeunes, étaient frappés et soumis par je ne sais quelle influence contagieuse, dévorante, irrésistible.

Quelle était cette influence? Il faut oser le dire, c'était celle d'un génie admirable, mais funeste. Depuis le jour où, devenu peintre malgré lui, Michel-Ange avait couvert les voûtes de la chapelle Sixtine de ses gigantesques et splendides peintures, une des créations les plus étonnantes de l'intelligence humaine, il avait jeté le trouble dans tous les esprits; les notions simples du beau avaient été bouleversées; les limites de l'art étaient devenues incertaines, arbitraires, conventionnelles. Les hommes d'un goût sévère sentaient bien que ce n'était pas là de la peinture, mais de la décoration théâtrale; que ce qu'il y avait de vraiment beau, c'étaient les parties qu'on regardait le moins, les tableaux du milieu de la voûte, représentant la création du monde, parce qu'on y lisait une pensée sublime traduite sous des formes aussi simples que grandioses; que quant à ces grands colosses des deux sexes et à cette multitude de personnages accroupis dans tous les sens, ils attestaient un prodigieux savoir, une étude extraordinaire de la partie musculaire et matérielle de l'homme, mais qu'il n'y avait rien là dont on se sentît touché, pas une figure dont on comprît la pensée, dont on pénétrât les sentiments et les passions, pour laquelle on éprouvât de l'aversion ou de la sympathie ; que c'était de l'art d'apparat, d'ostentation, qu'on devait contempler avec étonnement, avec respect et presque avec effroi, mais qu'il ne fallait pas imiter. Voilà ce qu'on aurait pu dire si l'on eût été de sang-froid; mais l'heure de la critique n'était pas encore venue : la foule était en extase ; on s'écriait que la peinture était grandie de cent coudées, que les anciens n'étaient plus que des nains, et que désormais l'art des modernes devait être l'art des géants.

Comment, au bruit de ces applaudissements, à la vue de ces nouveautés étourdissantes, l'esprit d'imitation se fût-il contenu? Quel est le peintre qui, en retournant chez soi, eût osé achever ce qu'il avait commencé la veille? Pour lui, tout était mis en question. On eût dit que des contrées nouvelles, que tout un monde inconnu venait d'être découvert. Chacun semblait se dire que devant cette autre poudre à canon il n'était plus moyen de se battre à l'arme blanche. Les mots de maigreur, de sécheresse, de pauvreté résonnaient aux oreilles des peintres comme autant d'anathèmes contre leurs doctrines et leurs ouvrages. Le grand goût, le grand style tournait toutes les têtes, et le désir du succès est une si impérieuse passion que le projet de se modifier pénétrait à leur insu dans toutes les consciences d'artiste.

La tentation d'imiter devait être d'autant plus forte que les moyens d'imitation paraissent plus faciles. Quand on se propose pour modèle un chef-d'œuvre de simplicité, d'expression, de sentiment, dont la beauté provient de la précision du trait, de la finesse des contours, de la suavité du pinceau, n'imite pas qui veut ; la maladresse et l'impuissance se trahissent aux yeux les moins exercés. Mais quand il s'agit de tourner le dos à la nature pour s'abandonner à la fantaisie, quand il n'est question que d'outrer, d'exagérer, d'enfler sans mesure toutes les proportions, il devient beaucoup moins difficile, je ne dis pas d'égaler un homme de génie, mais d'en être la caricature. Aussi tout le monde s'en mêla : il n'y eut pas, soit à Rome, soit à Florence, si petit barbouilleur qui ne voulût agrandir son style et ne se mît à singer la fougue du grand homme.

Quant aux habiles, ils cherchèrent à se rendre compte des moyens d'où résultaient de si prodigieux effets; ils analysèrent les procédés du novateur et découvrirent que la principale différence entre eux et lui consistait dans une connaissance plus approfondie de la structure intérieure du corps humain; que c'étaient ces notions exactes et scientifiques qui lui permettaient d'accentuer si vigoureusement ses figures, de leur donner des attitudes si audacieuses, et de produire ces raccourcis qui faisaient crier miracle; ils en conclurent que la science de l'anatomie était son secret, et bien vite on se mit à disséquer avec fureur.

Au fond, Michel-Ange avait dans sa jeunesse donné à l'anatomie une assez sérieuse attention ; mais il ne faut pas croire qu'il y fût passé maître ni qu'il y en eût fait, comme on le répète, l'étude constante de toute sa vie. Les hommes du métier trouvent dans ses ouvrages, aussi bien dans les derniers que dans les premiers, certaines fautes assez choquantes, qu'une étude prolongée lui aurait certainement fait éviter. Il est donc probable qu'après avoir embrassé cette science dans son ensemble, après en avoir saisi les parties les plus saillantes avec la puissance ordinaire de son esprit, il avait fini par se former une anatomie à son usage, et qu'il la faisait obéir ainsi que tout le reste à son imagination.

Mais, comme on supposait qu'un grand savoir était la clef de son talent, les études anatomiques devinrent de ce moment partie intégrante et obligée de l'éducation des peintres. Études dangereuses quand elles ne sont pas dirigées par un sentiment vrai et par une saine méthode. Un critique célèbre a dit, je crois, qu'en peinture comme en morale, il fallait prendre garde de trop regarder sous la peau. En effet, la science anatomique a certainement plus gâté d'artistes qu'elle n'en a perfectionné. Quand on sait si bien par cœur tout ce mécanisme caché des muscles et des os, on est tenté, malgré soi, de l'accuser plus fortement que ne le permet la nature. On veut montrer ce qu'on sait, et on oublie ce qu'on voit. On risque même, à force de science, de tomber dans les plus grossiers mensonges, car il ne faut pas croire que chez un corps vivant les choses se passent de la même manière que dans un cadavre écorché : tous ces muscles, roidis par la mort, n'ont plus le même jeu, la même élasticité que lorsqu'une chaleur vivifiante les anime. Si donc vous prenez à la lettre votre anatomie, si vous vous contentez de recouvrir de chair et de peau cet écorché que vous avez dessiné avec tant de soin et d'exactitude, vous faites un être fantastique, qui n'est ni vivant ni mort, qui ne peut ni marcher ni agir. La science des amphithéâtres ne doit être pour le peintre qu'un moyen de mieux observer la nature vivante, et de ne pas se tromper sur certains effets que la superficie des corps n'indique pas toujours clairement; mais si le moyen devient le but, vous ne pouvez plus produire que de soi-disant figures humaines, aussi étranges dans leurs formes qu'inanimées dans leurs mouvements. Telle devait être la destinée de presque tous ces peintres qui, sur les traces de Michel-Ange, allaient transformer leur pinceau en scalpel.

Ce n'était pas la première fois que l'anatomie et l'esprit scientifique étaient venus troubler la marche calme et régulière de l'art. Quarante ou cinquante ans auparavant, après la mort de Masaccio, après que ce précurseur, ce divin révélateur de la nature eut fixé les jalons de la voie de la vérité, où l'avenir n'avait qu'à le suivre, on avait vu un Antonio del Pollaiulo, d'abord par curiosité, puis par système, s'adonner à l'anatomie, et, pour faire admirer sa science, abandonner dans son dessin les traditions de simplicité. Après lui, Luca Signorelli avait pris la même route, avec une hardiesse et un génie que Michel-Ange, comme on sait, n'a pas dédaigné de mettre à profit. L'influence de ces deux hommes, jointe à celle des premières gravures allemandes qui furent, vers cette époque, importées en Italie, est la cause de ce temps d'arrêt, de cette déviation si étrange qui se manifeste tout à coup, vers 1460, dans le style jusque-là si chaste, si réservé des maîtres de cette belle époque. Quand on voit dans la plupart des tableaux des Filippo Lippi, des Boticelli, des Ghirlandaïo, un oubli si complet du naturel, une tendance si marquée à l'exagération maniérée, on a peine à comprendre comment de telles peintures peuvent se trouver placées entre la primitive pureté de Masaccio et l'exquise perfection de Raphaël. L'explication est tout entière dans ces premières invasions de la science anatomique; c'est à elle que ce trouble passager doit être attribué. Mais, heureusement, il y avait alors assez de séve et de jeunesse dans les âmes, assez de discipline dans les esprits pour que ce contact de la science ne fût pas mortel à l'art. Le génie du beau, c'est-à-dire de la simplicité, veillait sur les destinées de la peinture italienne, et le génie du médiocre, c'est-à-dire de la manière, ne devait pas encore triompher. Léonard vint prouver qu'on pouvait être savant et conserver le caractère le plus ferme et le pur; puis enfin Raphaël, par l'éclat et l'autorité de ses chefs-d'œuvre, acheva d'anéantir jusqu'aux derniers vestiges de l'esprit de pédantisme et d'affectation.

Mais, après les succès et les innovations de Michel-Ange, il n'y avait plus de digues assez hautes ni assez fortes pour contenir le flot du mauvais goût. L'âge d'or n'avait duré que quelques jours. Belles et lumineuses journées dont l'éclat ne s'est éclipsé que pour les yeux contemporains, mais qui brilleront à jamais d'une incomparable beauté!

Nous détournerons nos regards du triste spectacle qui leur succède. Qu'il nous suffise de dire que de jour en jour on vit s'étendre et s'affermir les conquêtes de la manière, c'est-à-dire de cette méthode expéditive et systématique qui applique les mêmes procédés, les mêmes formules à tous les sujets, à toutes les situations. Mettre en relief les muscles les moins apparents, chercher les poses les plus tourmentées, les attitudes les plus violentes, les gestes les plus invraisemblables; faire des Vénus qu'on prendrait pour des Hercule, des Vierges qui ressemblent à des saints Christophe; faire marcher hommes et femmes sur des espèces de colonnes torses en guise de cuisses et de jambes, telle fut la recette, on pourrait presque dire la consigne adoptée avec enthousiasme dans ce pays qui, vingt ans auparavant, voyait produire la *Madona alla Seggiola* et les *Stanze* du Vatican.

Il y eut pourtant quelques résistances isolées et partielles. Parmi tous ces noms obscurs dont nous pourrions faire une insignifiante énumération, car l'histoire, qui garde un si regrettable silence sur tant de grands artistes du moyen âge, n'a pas manqué d'enregistrer toutes ces médiocrités de la grande époque; au milieu, dis-je, de tous ces peintres dégénérés, on voit s'élever quelques individualités éparses qui, tout en cédant à l'entraînement général, conservent un certain caractère d'indépendance et d'originalité. Il y eut même quelques localités qui pendant un temps eurent le privilége de rester presque impénétrables à la contagion. Ainsi Ferrare, où Garofolo, un des élèves de Raphaël, s'était retiré, et où, de concert avec Dosso Dossi et quelques autres, il avait fondé une école, Ferrare devint un petit centre d'opposition où, pendant vingt-cinq ou trente ans, on refusa, comme de contrebande, les idées à la mode, et où les traditions des maîtres furent observées, sans chaleur, sans vie, sans feu sacré, mais avec fidélité et respect. On vit aussi Venise, garantie en quelque sorte par ses lagunes, rester longtemps étrangère à la révolution qui venait de s'opérer. L'esprit novateur avait pris chez elle une autre direction : l'éclat et la magie des couleurs étaient devenus l'unique objet de l'étude et du juste orgueil de ses peintres; la gloire qu'ils en acquéraient leur permettait de n'afficher aucune prétention au grand dessin, et de voir sans envie leurs voisins se livrer à leurs savantes extravagances. Paul Véronèse, bien qu'encore jeune quand la passion pour les effets *à la Michel-Ange* était le plus ardente, ne s'en laissa que faiblement atteindre et resta presque toujours fidèle aux traditions de Titien, dont il venait suppléer la vieillesse. Tout le monde, cependant, ne fut pas aussi sage, et le Tintoret, si moelleux et si suavement éclatant quand il veut bien rester lui-même, ne se contenta malheureusement pas toujours de n'être que coloriste et Vénitien.

Ainsi, même dans les lieux où d'abord il y eut résistance, elle ne fut que momentanée et incomplète; partout ailleurs ce fut une domination subite, générale, exclusive. Le grand artiste avait bien prévu qu'il donnait un si fatal exemple. Il avait tiré l'horoscope de ses imitateurs, et souvent il avait dit qu'une fois lancés sur ses traces, ils ne s'arrêteraient plus, pas même à l'absurde. Lui-même il vérifiait sa prophétie, car il subissait sa propre influence. Comparez le *Jugement dernier* et la voûte de la Sixtine : quel redoublement systématique de témérités, d'effets outrés, de scientifique barbarie ! C'est qu'une fois hors du simple et du vrai, l'esprit devient insatiable de raffinements et de complications. Il lui faut chaque matin quelque chose de plus nouveau, de plus hardi, de plus extraordinaire. C'est comme les épices en gastronomie, comme le bruit en musique : on va de la trompette au trombone, du trombone à l'ophicléide, puis de l'ophicléide au tam-tam et au *colpo di canone*.

Aussi quel spectacle! quelle peinture! D'année en année, l'imitation devenait moins intelligente et plus désordonnée. Plus l'ombre de correction dans les détails, de raison dans l'ensemble, de fini dans l'exécution. Michel-Ange, en mourant, eut la douleur d'assister à cette anarchie, à ce chaos, suites inévitables de sa révolte contre le beau. Il haussait tristement les épaules pendant que ces myrmidons levaient bravement la tête et se croyaient fort supérieurs à tous les peintres et à Michel-Ange lui-même. On ne peut rien imaginer d'égal à l'infatuation de cette époque. Le grand art des raccourcis, la science de l'emmanchement des os, donnaient au public comme aux peintres un orgueil extravagant. Tout le monde criait au progrès, et l'on prenait en pitié Raphaël, Léonard et les anciens.

On peut dire que sous Clément VII et sous Sixte V le délire parvint à son comble. L'habitude de peindre de pratique avait été portée à tel point que dans les ateliers on avait complétement perdu l'usage d'étudier le modèle vivant. On s'exerçait la main d'après certains exemples convenus, puis on prenait son vol. La fougue, le faire impétueux couraient les rues. Improviser les tableaux sans faire de dessin, jeter les fresques sur les murailles sans faire de cartons, telle était la preuve convaincante de la supériorité et du génie. Tout ce qui n'était pas *fatto alla prima* ne méritait pas qu'on le regardât. Les Pomeranci, les Semino, les Calvi et tant d'autres n'étaient des colosses de réputation que parce qu'ils pouvaient couvrir de peinture deux toises carrées en un jour. Aussi Cambiasi le Génois, après avoir bien cherché comment il pourrait surpasser ses rivaux et se donner une grande illustration, ne trouva pas de meilleur moyen que de se mettre à peindre des deux mains à la fois.

Quand les choses en sont à ce point, une réaction devient inévitable. Le signal en fut donné vers 1580, par les fils et le neveu d'un tailleur de Bologne, Antoine Caracci. Cette famille heureusement douée, mais qui, cent ans plus tôt, n'aurait occupé qu'une place honorable dans le cortége des grands maîtres, était appelée, grâce aux circonstances, à une immense célébrité. L'apparition des Carrache est un de ces événements qui s'amoindrissent en vieillissant, mais qui, vus de près, ressemblent à une révolution. Qu'avaient donc fait ces prétendus novateurs pour causer tant de bruit?

Ils avaient eu la bonne foi de regarder attentivement quelques tableaux du Corrége et de se dire : Cela est tout autrement fait que ce qu'on peint aujourd'hui; voilà de la couleur, de la transparence, de la chair, de la vie, de la peinture en un mot. Puis, devant Raphaël, ils étaient tombés dans une pieuse extase; ils avaient compris les grâces pénétrantes de Léonard; la magique splendeur de Titien les avait émus, transportés, et ils avaient eu l'audace de proclamer tout haut leur admiration. Encouragés par quelques jeunes gens qu'un dégoût instinctif éloignait des ateliers à la mode, ils ouvrirent une école et l'appelèrent *Academia degli Desiderosi*, ce qui semblait dire : école de ceux qui regrettent le passé, qui méprisent le présent et aspirent à un meilleur avenir. La nouvelle école déclara donc franchement la guerre aux routines et aux procédés de convention; elle réhabilita la mémoire et les chefs-d'œuvre des grands peintres. Mais, dès qu'il fut question de passer de la critique à l'action et d'imprimer une direction à l'art qu'on voulait ressusciter, au lieu de se placer en face de la nature, de l'étudier à nouveau, de la traduire avec un sentiment qui leur fût propre, et de se créer ainsi un style nettement caractérisé, les Carrache crurent que leur mission consistait à fondre et à amalgamer toutes les qualités dominantes des différents chefs-d'œuvre. On eût dit que leur admiration, à force d'être impartiale, ne leur permettait pas de faire un choix, ou plutôt que, désespérant d'égaler le créateur de chaque genre en luttant avec lui sur son domaine, ils préféraient ne lutter avec personne en particulier, et se montrer, sinon plus parfaits, du moins plus complets que tout le monde. Manquant de courage ou d'inspiration pour prendre un parti net et simple, ils s'étaient arrêtés à un parti mixte, ou, comme on dirait aujourd'hui, à l'éclectisme.

Leur tentative n'en eut pas moins un immense succès d'estime ; tous les hommes modérés, et le nombre en est grand après une si longue anarchie, accueillirent avec une joie profonde cette idée de ne rien exclure, d'éviter tous les excès, d'admettre toutes les beautés, de ne copier aucun maître et de les imiter tous. Puis, c'était chose si nouvelle qu'un tableau peint avec soin, étudié, travaillé, fini avec une certaine conscience ! Bientôt on ne parla plus que des Carrache ; ils furent proclamés, dans toute l'Italie, les restaurateurs de la peinture, les rénovateurs du goût.

Mais leur triomphe devait être bientôt troublé par de violentes agressions ; au sein même de leur école se trouvaient des esprits entiers et résolus que ce régime d'impartialité et de tolérance universelle ne pouvait accommoder.

Pour ceux-là, ce n'était rien d'avoir renversé la tyrannie d'un genre exclusif, il fallait s'affranchir de tous les genres, rompre avec toutes les traditions, oublier toutes les règles, dédaigner tous les exemples, et ne suivre qu'un seul guide, n'adopter qu'un seul maître, la nature.

Le chef de ces dissidents fut un étrange et fougueux personnage, Michel-Ange de Caravaggio, fils d'un maçon et maçon lui-même dans son enfance, homme bilieux et querelleur, sans lettres, sans culture, mais coloriste par instinct et systématique jusqu'à la fureur. Il ne fit que passer dans l'atelier des Carrache; pour un homme de sa trempe, l'éclectisme était une pauvre muse. Ses maîtres lui firent l'effet de timides réformateurs; il les abandonna; puis, en vrai révolutionnaire, il alla jusqu'au bout de ses idées. Pour lui, l'art n'avait d'autre but que l'imitation littérale, mais vivante, de la nature, de la nature telle quelle, sans choix, sans exception; et, pour mieux prouver qu'il ne choisissait pas, et que tout, même le laid, lui semblait beau, pourvu que la traduction fût saisissante et vigoureuse, il affecta de ne s'attacher qu'à des modèles vulgaires et grossiers. Cette prédilection pour les cabarets et les corps de garde, ce mépris de l'Olympe et de ses habitants, de l'antique et de ses statues, cette audace triviale et populaire, tout en faisant le scandale et le désespoir de quelques-uns, charmaient une foule d'esprits blasés que les prudentes innovations des Carrache avaient à peine effleurés. Ceux mêmes que le côté cynique de cette peinture effrayait le plus ne résistaient pas toujours aux attraits d'une palette si chaude, d'oppositions si tranchées, d'effets si surprenants; enfin la vogue s'en mêla, et bientôt le parti des *naturalistes*, comme on les appelait, devint presque aussi nombreux qu'il était intolérant, et des hommes puissants et haut placés, cardinaux, comtes et marquis, se déclarèrent ses protecteurs.

A la vue de ce radicalisme triomphant, les

débris du vieux parti, les amis du grand goût et du style héroïque se réveillèrent et rentrèrent dans la lice. Leur champion n'était pas un athlète aussi nerveux que Caravage, mais un homme remuant, pétri d'orgueil et d'intrigue, et capable de tenir la campagne à force de savoir-faire. Son nom est à peine connu de nos jours; mais alors qui ne parlait en Italie du chevalier Joseph d'Arpino, ou, comme on disait à l'italienne, du Josépin (Giuseppino)? Il avait eu soin d'en parler avant tout le monde, et avait lui-même établi sa réputation par des moyens qui permettent de croire que, s'il ne fut pas un grand peintre, il eût été un grand journaliste. Aussi disait-on après sa mort que ses ouvrages étaient devenus muets dès qu'il avait perdu la parole.

Pour tenir tête à Caravage, Josépin eut l'art de conquérir la bienveillance et jusqu'à l'amitié de tous les papes sous lesquels il vécut, de se procurer dans toutes les villes d'Italie des protecteurs et des porte-voix, puis enfin de rajeunir et de discipliner ses sectateurs par l'invention d'un nouveau symbole, d'un nouvel article de foi. Caravage avait proclamé le *naturalisme*, Josépin inaugura l'*idéalisme*.

Ces deux mots une fois lancés dans le public, on se battit à outrance; jamais peut-être querelle aussi envenimée n'avait troublé le domaine des arts. Ce serait une longue et dramatique histoire que le récit de cette controverse. Des flots d'encre coulèrent, et le sang même fut répandu, car le chef des *naturalistes* n'entendait pas raillerie, et, dans ce bruyant conflit d'arguments et de théories contradictoires, il trouvait quelquefois plus commode et plus prompt de répondre à coups de dague ou de stylet.

Ce qu'il importe de remarquer, c'est l'étrange abus qu'on aisait de ces deux mots, *idéal* et *naturel*. Pour le Josépin, l'idéal n'était ni le beau, ni le vrai, ni le pur par excellence; c'était le chimérique, le conventionnel, l'arbitraire. Et quant à Caravage, ce qu'il appelait le naturel n'était autre chose que le trivial. Le Josépin, aussi bien que Caravage, avait le plus parfait mépris pour l'antique, et Caravage, pas plus que le Josépin, n'aurait jamais consenti à imiter purement et simplement la nature, sans la farder, sans la systématiser. Il ne respectait pas même ce qu'il y a de plus sacré pour un peintre dans la nature, la lumière du jour; il lui fallait une lumière de convention. Les murs de son atelier étaient barbouillés de noir, et il ne laissait pénétrer la clarté que par une étroite ouverture pratiquée près du plafond, afin d'éclairer vivement quelques parties de ses modèles, en laissant tout le reste dans une profonde obscurité. Ainsi, pour imiter la nature, il commençait par la déguiser. L'amour du factice et de l'artificiel avait pénétré si avant dans tous les esprits que les plus indépendants ne pouvaient abandonner une manière sans retomber dans une autre.

Tel était l'état des choses vers les premières années du dix-septième siècle : d'un côté, Caravage, dans toute la fougue de ses innovations; de l'autre, Josépin ranimant, réchauffant, à force d'adresse, les vieilles traditions académiqnes; puis, au milieu, les Carrache se posant en médiateurs, ne donnant raison à personne, contenant un peu tout le monde, et s'appuyant particulièrement sur ces hommes qui ne veulent pas se compromettre et qui, devant un tableau, sont bien moins préoccupés du besoin d'être émus que de la crainte de mal juger.

Caravage ne vécut pas longtemps : une fièvre violente l'emporta, en 1609, à l'âge de quarante ans. Le plus célèbre des Carrache, Annibal, mourut la même année. Quant à Josépin, il eut le talent de vivre plus de trente ans encore ; mais la mort de ses rivaux ne changea rien à sa vie militante. Caravage laissait des élèves tout aussi exclusifs, tout aussi passionnés que lui. Les Guerchin, les Ribera, loin d'éteindre le feu de leurs sarcasmes, donnèrent aux hostilités un caractère peut-être encore plus violent. Josépin soutint le choc et resta jusqu'au bout de sa longue carrière à la tête d'un parti puissant, quoique obscur, et dans les bonnes grâces d'une fraction notable du public italien.

Il est vrai qu'une heureuse diversion, en appelant ailleurs ses adversaires, lui avait permis de respirer. Ici se présente une nouvelle phase de cette histoire que nous cherchons vainement à ne pas trop prolonger.

De l'atelier des Carrache étaient sortis quelques hommes sur lesquels tous les regards commençaient à se fixer. L'un d'eux, le Guide, après avoir essayé du goût mixte et tempéré de ses maîtres, y avait renoncé comme Caravage, mais pour prendre la route opposée. Caravage s'était fait systématiquement obscur, le Guide résolut de se faire systématiquement lumineux. L'un n'introduisait la lumière que par le trou de la serrure, l'autre en inonda ses tableaux. A tout ce qu'il y avait de neuf et de séduisant dans ce parti pris, dans ce plein soleil systématique, ajoutez un dessin doux et facile, une touche gracieuse, une imagination souple, féconde, parfois brillante, et vous comprendrez les immenses, les triomphants succès de Guido Reni. Jamais peut-être aucun peintre, même dans la grande époque de l'art, n'avait excité pareil enthousiasme; jamais pareille cohorte d'élèves et d'admirateurs ne s'était pressée dans un atelier.

Les *naturalistes*, laissant là le Josépin, tournèrent bien vite leurs attaques contre le nouveau venu; mais, soit que la place leur parût trop fortement gardée, soit que l'esprit de système, bien que diversement appliqué, établît entre eux et le Guide une certaine communauté sympathique, la guerre fut de courte durée, et ils préférèrent se ruer sur un autre élève des Carrache qui se proposait un tout autre but que son heureux camarade. Le Dominiquin avait formé le dessein de ne suivre aucun système, pas même l'éclectisme, de n'adopter aucune manière, de travailler à sa mode, avec patience et réflexion. Sa bonne foi pleine de faiblesse, son esprit sévère, mais indécis, son imagination noble et pure, mais inégale, ne le rendaient pas propre à ce rôle hardi de réformateur. Il faisait souvent acte de résistance, mais souvent il cédait au torrent. Son intention n'en était pas moins réputée pour le fait, et le projet de n'appartenir à personne le faisait persécuter par tout le monde, aussi bien par l'Espagnolet au nom de Caravage, que par Lanfranc au nom de l'idéalisme.

Les essais du Dominiquin, ses tentatives d'indépendance et d'isolement, tentatives imparfaites, mais généreuses, furent les derniers efforts de l'individualité, de la vérité, de la conscience contre la domination de la manière, contre le despotisme des ateliers. Aucun autre Italien, après lui, n'essaya de se révolter pour la liberté de l'art. Aussi, dès qu'il fut mort, ou même dès la fin de sa vie, de 1630 à 1640, on vit la peinture italienne descendre à un état encore plus banal, encore plus routinier, s'il est possible, que dans la période qui précède l'apparition des Carrache. Leur sagesse modératrice, l'originalité sauvage de Caravage, la suavité du Guide, la conscience du Dominiquin, n'avaient produit qu'un temps d'arrêt. La manière avait été rajeunie, modifiée, diversifiée; elle n'avait pas été étouffée, et son action, un moment comprimée, allait déborder et se répandre avec une puissance invincible.

L'Italie et l'Europe n'en étaient pas moins convaincues qu'elles assistaient au véritable âge d'or de la peinture. La fécondité, la puissance extraordinaire de tous ces maîtres, les parties vraiment brillantes de leurs talents, la passion toujours croissante des grands seigneurs, des prélats, du public, pour les tableaux; les controverses allumées, les querelles incessantes, tout, jusqu'aux coups de poignard et aux empoisonnements, donnait aux questions d'art un aspect dramatique et saisissant. Jamais la peinture n'avait fait tant de bruit. La vie politique du pays, qui au temps des Médicis bouillonnait encore au fond de quelques âmes, s'était complétement engourdie et avait fait large place à des passions plus innocentes, mais non moins vives. Les ateliers étaient des clubs agités, intolérants, tapageurs. Disserter sur la peinture était la première affaire de la vie. Il n'est donc pas étonnant que les contemporains aient pris le change et qu'ils aient cru que les choses dont on parlait avec tant de feu et de passion n'avaient jamais été aussi belles ni aussi parfaites. Les idées vraies sur la marche et sur l'histoire de l'art n'étaient encore soupçonnées de personne, et chacun s'imaginait qu'en peinture, comme dans les sciences physiques, l'expérience était la condition du progrès, et que le dernier mot était toujours le meilleur.

C'est au milieu de ces illusions, c'est dans cette atmosphère d'erreurs, de faux systèmes, de folles théories, que nos jeunes artistes français se lançaient avec une aveugle et confiante ardeur. Au travers des flots de poussière que soulevaient les hommes du présent, c'est à peine si leurs yeux pouvaient pénétrer jusqu'au passé. Ils apercevaient de loin l'antique et le quinzième siècle, ils les saluaient comme des reliques, avec une piété distraite, puis ils se plongeaient tout entiers dans l'étude des procédés, des formules, des recettes à la mode.

Voilà ce qui les attendait en Italie.

Voyons maintenant ce qu'ils trouvaient à leur retour en France. L'art avait-il eu parmi nous les mêmes destinées qu'au delà des monts? Les esprits avaient-ils subi les mêmes variations? obéissaient-ils aux mêmes influences? En un mot, quel avait été et quel était alors l'état de la peinture en France? Il faut qu'on nous permette de jeter les yeux sur ces diverses questions avant de revenir à notre sujet pour ne le plus quitter.

---

## II

Lorsque le Primatice, et avant lui le Rosso, furent appelés par François Ier pour diriger les travaux de ses maisons royales, il n'existait rien en France qui eût la moindre analogie avec la peinture italienne. Nous avions bien des peintres, et même des peintres d'un certain talent; mais les uns coloriaient encore, comme au temps passé, de délicates miniatures, d'autres faisaient quelques portraits d'une exacte et naïve ressemblance, le plus grand nombre peignaient sur verre ou sur émail. La peinture sur verre, cet art qui avait grandi et prospéré sur notre sol, que l'Italie nous avait emprunté plusieurs fois, que jamais elle n'avait réussi à s'approprier, cet art tout national que nos gentilshommes exerçaient sans déroger, le moment approchait où il allait s'éteindre; mais ses dernières heures devaient être éblouissantes, et nos artistes semblaient tenir à honneur de ne pas l'abandonner.

Ainsi des miniatures sur vélin, des portraits, des modèles de tapisserie, des émaux, des vitraux, voilà ce qu'on faisait chez nous pendant qu'en Italie la peinture, après s'être glorieusement élevée à la plus haute perfection qu'elle puisse atteindre chez les modernes, inclinait déjà vers sa décadence.

Rien ne pouvait être plus funeste à la France que la tentative de la mettre d'emblée et d'un seul coup à l'unisson de l'Italie. En lui supprimant ses années d'apprentissage, on lui enlevait toutes ses chances d'originalité. Il faut à un pays, pour s'élever au sentiment de l'art, les épreuves d'un noviciat; il faut qu'il se fraye lui-même son chemin. Si l'artiste passe subitement de l'ignorance au savoir le plus raffiné, ce n'est qu'à la condition de singer ce qu'il voit faire et d'employer des procédés dont il ne comprend ni le motif ni l'esprit. Faire fleurir la peinture en France était un louable projet, mais il ne fallait pas transplanter l'arbuste tout couvert de ses fruits; il fallait préparer le sol, faire germer la plante, la laisser croître en liberté, et l'acclimater par une intelligente culture. Notre jeune roi victorieux ne devait pas avoir cette patience. Aussi peut-on dire qu'avec les meilleures intentions du monde il exerça sur l'avenir de la peinture en France une assez fâcheuse influence. Les protecteurs des arts ont si rarement la main heureuse!

Il eut cependant pour son coup d'essai un merveilleux bonheur. Léonard de Vinci consentit à le suivre. C'était l'homme par excellence pour parler à nos esprits, pour nous inspirer le sentiment et l'amour du vrai beau, non par la passion et l'enthousiasme, mais par notre faculté dominante, l'intelligence. S'il eût été d'âge et d'humeur à faire notre éducation, nos artistes l'auraient admirablement compris. Il eût respecté leur goût simple, exact et naïf, tout en cherchant à l'épurer; il les eût dirigés sans les faire sortir violemment de la pente qui leur était naturelle.

Malheureusement Léonard était vieux, fatigué; il venait en France pour son repos bien plus que pour notre enseignement. Il ne daigna pas même jeter les yeux sur nos peintres ni s'enquérir de ce qu'ils faisaient; et pendant les trois années qui se passèrent entre son arrivée et sa mort[1], le seul travail qui l'occupa quelques instants fut un projet de canal pour l'assainissement de la Sologne.

Son passage ne laissa point de trace, et bientôt les malheurs qui pesèrent sur la France firent évanouir tous ces projets d'importer parmi nous la peinture italienne.

Mais dix ans plus tard, lorsque le roi eut fait trêve avec sa mauvaise fortune, ses souvenirs d'Italie se réveillèrent, et il voulut que Léonard eût un successeur.

1. 1516-1519.

On lui envoya de Florence l'homme qui était le moins fait pour comprendre nos artistes, pour guider leur inexpérience, pour tirer parti de leurs qualités. Le Rosso était un esprit exclusif et dédaigneux, ne comprenant que ce qu'il savait, n'estimant que ce qu'il faisait, peignant tout de pratique sans se soucier de la nature, ne respectant que Michel-Ange, et n'admettant même pas qu'il eût existé une peinture avant l'inauguration du grand style académique.

Il vint s'établir à Fontainebleau avec une petite légion d'artistes ses compatriotes, que le roi lui avait permis d'amener, et dont les noms n'étaient pas tous obscurs, car on comptait dans le nombre Lucca Penni, Naldini, Domenico del Barbieri, Bartolomeo Miniati, et, parmi les sculpteurs, Lorenzo Naldini, Antonio Mimi, Francesco da Pellegrino, Gian-Battista della Palla.

Le Rosso n'avait pas voulu faire seul le voyage, parce qu'il était sincèrement convaincu que la France était un pays sauvage, et qu'il n'y trouverait personne pour lui nettoyer sa palette ou pour dégrossir une statue.

Bien qu'il pût être désabusé avant même d'avoir touché Fontainebleau, il n'en montra pas moins la plus grande pitié de tout ce qu'il voyait. La sécheresse, la minutieuse exactitude, la patience studieuse de nos *maîtres imagiers* excitaient sa compassion, et ses compagnons et lui en faisaient le sujet d'intarissables railleries.

Et pourtant, à côté de cette sécheresse et de ces tâtonnements maladroits, que de belles et nobles choses n'y avait-il pas alors dans ce pays prétendu barbare! Sans parler de nos églises, de nos donjons et des monuments de toute sorte que produisait depuis trois siècles cette architecture audacieuse dont les témérités même décelaient le profond savoir, sans parler de tout ce qui devait survivre encore de notre architecture du treizième siècle, laquelle, soit dit en passant, et sauf à le prouver ailleurs, est une création qui n'appartient qu'à nous et qui n'a pas d'analogue en Italie; sans parler enfin de ces éblouissantes verrières qui resplendissaient dans toutes nos églises, n'y avait-il pas dans la sculpture, et même dans la peinture contemporaine, une certaine bonhomie, un certain accent de vérité, d'expression et de sentiment que les plus grandes incorrections ne pouvaient faire méconnaître? Eh bien, c'étaient lettres closes pour ces coryphées des écoles d'Italie; la routine et les règles de convention leur offusquaient si bien l'esprit, que ces dons naturels dont ils étaient déshérités, ils ne pouvaient les apprécier ni même les apercevoir.

Toutefois, malgré son grand dédain pour nos artisans français, le Rosso fut contraint, par ordre du roi, d'en prendre un certain nombre à son service et de les admettre dans sa colonie italienne. Leur éducation fut bientôt faite; les pratiques d'atelier ne sont pas de grands mystères, et en quelques années maître François d'Orléans, maître Simon de Paris, maître Claude de Troyes, maître Laurent Picart, étaient aussi bien en état de manier hardiment la brosse, de faire des muscles outrés et de donner à leurs figures des poses théâtrales, que s'ils eussent passé toute leur vie au delà des monts.

Les gens de cour crièrent miracle, le roi fut enchanté, et le Rosso se fit valoir. Il venait, disait-il, de civiliser la nation française en l'initiant aux secrets de l'art italien. Aussi fut-il successivement nommé surintendant des bâtiments royaux, valet de chambre du roi, puis chanoine de la sainte Chapelle de Paris; il touchait de gros revenus et menait grand train de gentilhomme, avec force domestiques, chevaux et bonne table.

Mais au milieu de cette prospérité la mort le surprit; il avait à peine cinquante ans; il y en avait neuf qu'il était en France[1].

Le Primatice lui succéda dans son emploi de surintendant des travaux de Fontainebleau; c'était un esprit plus fin, plus délicat,

1. 1532-1441.

moins absolu que le Rosso. Il tenait, par ses premières études, à l'école de Raphaël; mais il s'était gâté la main et le goût; il était tombé dans la pratique et la manière en travaillant à Mantoue, sous les ordres de Jules Romain, devenu lui-même infidèle à ses traditions de jeunesse.

Ainsi les leçons du Primatice, pas plus que celles de son prédécesseur, ne devaient nous reporter aux beaux temps de la peinture italienne[1]; il y avait dans les œuvres du nouveau surintendant quelque chose de plus élégant, de moins pédantesque; mais c'était la même habitude des procédés d'école, le même oubli des vérités et des inspirations primitives. L'un comme l'autre nous faisaient franchir à pieds joints près de deux siècles d'intervalle; lacune irréparable par laquelle

1. Les seules leçons de la belle époque, les seuls exemples de l'âge d'or qui eussent pénétré en France, c'étaient huit ou dix tableaux acquis par le roi et qui ornaient son cabinet. Dans ce nombre, il y en avait quelques-uns de Raphaël, presque tous de sa dernière manière.

nous tombions brusquement de cette simplicité qui s'essaye à étudier la nature, mais qui ne sait pas encore l'exprimer, à cette habileté qui ne daigne plus la consulter et qui la défigure en voulant l'embellir.

Si les faveurs royales avaient été prodiguées au Rosso, le Primatice en fut accablé. Le roi le mit à la tête de tous ses travaux, lui confia la direction de toutes ses fêtes, l'acquisition de tous ses tableaux ou statues; rien enfin ne fut négligé pour qu'il exerçât une action souveraine sur tout ce qui dépendait des arts du dessin. Et cela dura non-seulement tant que vécut le roi, mais tant que régnèrent et son fils et deux de ses petits-fils. Ce ne fut qu'en 1570 que le Primatice termina sa longue carrière : il y avait vingt-neuf ans qu'il jouissait d'une sorte de domination sur les travaux d'art à la cour de France; il y en avait trente-huit que cette domination appartenait à un Italien. Et notez bien qu'indépendamment de ces influences permanentes, l'Italie n'avait cessé pendant ce temps d'agir sur nous non-seulement par les émigrations fréquentes de subalternes et de manœuvres, mais par les voyages plus ou moins prolongés d'hommes d'un certain renom, tels que Nicolo de Modène, Vignola, Servio, Salviati et beaucoup d'autres.

Il ne faut cependant pas en conclure que le goût français se fût complétement italianisé et qu'une subite métamorphose se fût opérée à la voix de François Ier. Les choses ne vont pas aussi vite; même à la cour il y avait deux partis. Il est vrai que ceux qui ne cédaient pas au torrent et qui se déclaraient médiocrement touchés de toute cette science italienne étaient en minorité; mais à la ville, mais dans le pays, c'était tout le contraire. Il est assez difficile de définir et de caractériser ce qu'était alors le goût français proprement dit; il faudrait remonter jusqu'au treizième siècle pour trouver dans sa pureté et dans son énergie ce qu'on peut appeler notre goût national. Sous saint Louis, tout est simple, naturel, à grands traits; le matériel del'art, le métier est encore novice, mais l'idée est puissante et le sentiment vivifiant. C'est lànotre véritable renaissance, celle qui vient de nous-mêmes et qui n'appartient qu'à nous. Aussi, pas l'ombre de bizarrerie ni d'affectation : c'est la clarté, la netteté, la facilité de l'esprit français. L'influence germanique et l'influence italienne n'apparaissent pas encore; mais bientôt une certaine subtilité à la fois naïve et raffinée, un certain naturel trivial en même temps qu'affecté, nous arrivent d'Allemagne et de Flandre par le chemin de la Bourgogne; l'invasion commence au quatorzième siècle, elle est complète au quinzième. Heureusement, comme pour nous servir de contre-poison, le quinzième siècle est à peine à son déclin que nous voyons venir de Lombardie un essaim de formes charmantes, pures, suaves, enchanteresses, comme tout ce qui se créait encore alors sous ce ciel privilégié. C'est à cette double influence qu'obéissent presque tous nos artistes sous Charles VIII, sous Louis XII et dans les premières années de François Ier. Leurs compositions n'ont plus le cachet flamand ni germanique; elles ne sont pas non plus tout à fait italiennes; c'est quelque chose de fondu, de tempéré, dont tous les éléments sont étrangers à notre sol, mais dont l'ensemble nous est propre et revêt notre caractère.

Je parle ici particulièrement de la sculpture et de l'architecture, parce que c'étaient alors les deux arts dominants, les deux arts populaires; néanmoins, on peut en dire autant de la peinture sur verre, de la peinture de décoration, et même de la peinture de portraits. Ce dernier genre, il est vrai, était loin d'avoir renoncé à ses habitudes d'imitation littérale et sèchement étudiée qui provenaient des traditions allemandes; mais il avait cependant adopté peu à peu quelque chose de cette finesse veloutée et transparente qui distinguait les beaux portraits exécutés en Lombardie. Ainsi Janet, ou pour mieux dire le dernier des Clouet, tout en appartenant à l'école d'Holbein, se rapprochait déjà par quelques points de celle de Léonard, et de ce mélange il résultait une manière toute particulière de traiter le portrait, manière qu'on pouvait appeler française.

N'oublions pas enfin qu'à côté de ce goût lombardo-gothique, ou, pour employer des termes consacrés, à còté de ces formes du commencement de la *renaissance*, les formes purement et exclusivement gothiques conservaient encore des partisans, soit dans le fond de quelques provinces reculées, soit chez les personnes avancées en âge, dans les vieilles familles parlementaires, et parmi cette partie de la population qui s'associait au protestantisme et à sa haine de l'Italie. Ce n'étaient là toutefois que des exceptions, et presque toute la génération active se livrait avec entraînement à l'amour de ce genre qu'on peut, si l'on veut, appeler bâtard, petit, mesquin, mais qui produisait les plus gracieux amalgames, les plus ravissantes combinaisons.

Eh bien, c'est à ce genre qui, depuis trente ou quarante ans, s'était si bien naturalisé français, que le Rosso et ses Italiens venaient, de par le roi, substituer brusquement le style *à la Michel-Ange*, le grand goût italien, le goût du jour. Fort heureusement la tentative n'eut qu'un demi-succès.

La première épreuve en fut faite à Fontainebleau, lorsque le Rosso eut terminé sa galerie de François Ier. Tout le monde fut enchanté de la richesse des décorations; mais pour les peintures, en général on parut n'y rien comprendre. Ceux qui admiraient, admiraient sur parole, parce qu'on leur disait que c'était la dernière mode d'Italie, le dernier degré de la science. Pour les gens de bonne foi, ils se hasardaient à dire que ces grandes attitudes et ces poses forcées n'exprimaient rien et leur étaient désagréables.

La soumission ne fut complète que de la part des artistes médiocres et de second étage. Ceux que le roi avait confiés au Rosso étaient de ce nombre. Ceux-là copièrent, adoptèrent, outrepassèrent les défauts qu'on leur donnait pour des beautés; mais il y eut froideur et résistance chez tous les hommes de quelque valeur. Ils ne voulurent pas sortir de ces régions tempérées qui convenaient si bien à leur genre de talent, et n'ajoutèrent rien à la légère dose d'esprit italien qui s'était déjà infusé dans notre goût national.

C'est à cette prudente opposition que nous devons la physionomie originale que nos artistes français conservèrent dans ce second tiers du seizième siècle aussi bien que dans le premier. Si le goût académique eût tout envahi, si sa domination eût été immédiatement acceptée, ce ne sont pas seulement les portraits de Janet que nous aurions perdus, ce sont aussi les sculptures de Jean Goujon et tous ces trésors d'élégance, toutes ces fines et spirituelles fantaisies qui ressemblent si peu aux savantes et lourdes inventions qui sortaient alors des ateliers de l'Italie.

Rien ne contribua davantage à restreindre l'influence des peintres du roi et à retarder la contagion de l'exemple, que nos écoles provinciales. Nous avions alors à Tours, à Toulouse, à Troyes et dans quelques autres villes encore, des associations d'artistes dont une vive rivalité excitait le talent, qui se distinguaient les unes des autres par certaines différences locales, et qui, pour garder leur originalité, faisaient profession d'indépendance et ne prenaient le mot de personne. Chacune de ces villes devint un asile impénétrable aux nouveautés qu'on professait à Fontainebleau.

Le roi lui-même et les gens de cour furent souvent forcés de rendre hommage à ces célébrités provinciales. Ainsi il y avait à Lyon un peintre nommé Corneille, qui excellait dans les portraits, et qui, pendant trente ans, fut recherché, au dire de Brantôme, pour peindre tout ce qu'il y avait de belles femmes et de jeunes seigneurs à la cour[1].

1. Un certain nombre de portraits de Corneille, confondus dans la collection complète des Janet et des Porbus, avaient été conservés dans la galerie dite des Rois, au Louvre; mais

Lorsque Catherine de Médicis passa à Lyon, elle s'arrêta pour donner le temps à Corneille de faire son portrait et celui de ses deux filles. Eh bien, Corneille peignait encore plus à la française, c'est-à-dire d'une manière encore moins fondue que Janet; et il y avait plus de vingt-cinq ans qu'on faisait de la grande peinture italienne à Fontainebleau lorsque Corneille mourut sans avoir songé un seul jour à renoncer à sa méthode.

Dumoutier, qui faisait des portraits au crayon de couleur[1] avec une grande précision et une finesse un peu gothique, ne vit pas sa réputation diminuer ni ses dessins perdre leur prix devant les dessins largement estompés des artistes ultramontains.

l'incendie du 6 février 1661 réduisit en cendres et la galerie et tous les portraits.

1. Ce genre, si bien traité par Holbein, fut extrêmement à la mode pendant tout le seizième siècle. Il existe à la Bibliothèque du roi une collection peu connue de portraits de ce genre, dessinés avec une rare finesse, et qui représentent les personnages les plus célèbres des règnes de Henri II et Henri III. Ces portraits sont signés *Fulonius*, probablement Foulon. Aucun auteur ne parle de ce maître.

Enfin Janet, qui ne vivait pas en province, mais qui passait sa vie dans les palais royaux, et qu'Henri II et Charles IX admettaient dans une sorte de familiarité, Janet fut parfaitement insensible aux théories qu'il voyait pratiquer à côté de lui, et persista dans sa manière sans y avoir introduit la moindre modification.

Ainsi cette grande faveur accordée par nos rois au Rosso, au Primatice et à leurs compagnons, n'eut pas toutes les conséquences qu'on pouvait craindre. Le bon sens de nos artistes et toutes les causes secondaires que nous venons d'indiquer en avaient atténué les dangers.

Il faut convenir aussi que le Primatice était singulièrement plus tolérant que le Rosso. Il n'avait pas de fanatisme pour Michel-Ange. Sa manière conventionnelle aspirait plutôt à la grâce qu'à la force et aux grands effets. Il payait bien aussi de temps en temps son tribut à l'anatomie et à la science musculaire, mais il donnait plus volontiers à ses figures cette élégance svelte et allongée qu'affectionnaient aussi quelques-uns de nos artistes, et que Jean Goujon, par exemple, s'était appropriée avec tant de bonheur.

Le successeur du Primatice fut un Français, mais un Français plus Italien, plus académique, plus Florentin que le Rosso lui-même. Il se nommait Toussaint Dubreuil. Son père [1], Louis Dubreuil, était de ceux qui, quarante ans auparavant, s'étaient livrés aux Italiens sans restriction, sans se rien réserver de leur finesse, de leur esprit, de leur caractère français. Le fils avait hérité des traditions paternelles ; il dessinait avec lourdeur et fracas.

Je ne veux pas croire que Toussaint Dubreuil, devenu directeur des peintures de Fontainebleau (on ne lui avait donné que la moitié des dépouilles du Primatice, l'architecture était allée à Jean Bullaut); je ne crois pas, dis-je, que Toussaint Dubreuil dût exer-

1. D'autres disent son oncle.

cer une grande influence sur ses contemporains; mais il n'en faut pas moins noter que, vers cette époque, on voit apparaître d'assez importants changements. Les formes s'alourdissent en aspirant à plus d'ampleur; la grâce disparaît, et ce n'est pas la force qui la remplace, c'est une certaine roideur tourmentée. Nos maîtres les plus habiles commençaient à disparaître. Jean Goujon n'était plus, et ceux qui survivaient semblaient avoir perdu le sentiment de leur individualité et le secret de leurs premiers succès. Quelle différence entre les productions qui sortaient alors des mains de Germain Pilon et celles de ses jeunes années! Jean Cousin lui-même, ce grand artiste qui, tout en se livrant avec amour à la partie scientifique du dessin italien, avait toujours conservé dans une si juste mesure la précision et la fermeté du vieux style français, Jean Cousin, touchant à la vieillesse, s'était fait une pratique qui lui enlevait en partie son ancienne physionomie.

4.

C'est alors que nos troubles civils éclataient dans toute leur violence. Les dévastations de 1562 avaient déjà porté le désordre et la ruine dans presque toutes les villes où travaillaient nos écoles provinciales : les artistes s'étaient dispersés, les uns avaient fui, d'autres avaient pris le mousquet. Les réactions sanglantes de 1572 ne devaient pas être moins meurtrières pour l'art ; et les intrigues, les agitations, les fureurs de la Ligue achevèrent de l'étouffer. Mais lorsque, au retour du calme et de la paix, le pays commença à reprendre haleine, on eût dit qu'on voulait réparer le temps perdu. Ce fut une vogue, une passion subite et singulière pour les beaux-arts, et, par une étrange mobilité dans les goûts du public, c'est la peinture qui, cette fois, devint l'objet d'une faveur marquée et d'une prédilection presque exclusive.

On a vu combien, pendant le seizième siècle, la peinture était restée sur le second plan. Tandis que l'architecture, la sculpture, la ciselure, produisaient de si gracieux chefs-d'œuvre, la peinture, se débattant entre les influences contraires qui la précipitaient et la retenaient dans des sens différents, n'était parvenue à prendre aucune allure décisive et s'était réduite à un rôle terne et secondaire. Sauf le roi François Ier et quelques grands seigneurs, personne en France n'avait encore professé un goût quelque peu vif pour la peinture : on faisait faire volontiers son portrait; mais qui achetait des tableaux? qui songeait à en orner sa demeure? où étaient les galeries, les collections?

Tout semble changer d'aspect dès que Henri IV est depuis quelques années sur le trône ; on dirait que tous ces autres arts, rivaux heureux de la peinture, ont péri dans nos guerres civiles et qu'il n'en reste plus qu'une ombre. L'architecture est mise à l'écart; les maisons qu'on bâtit sont presque entièrement en briques, on ne pense plus à les décorer. Quant à la peinture sur verre, il n'en est plus question ; et pour la sculpture, elle qui puise sa plus forte séve au sein de l'architecture, il est tout simple qu'elle languisse quand sa compagne s'affaiblit. Les tableaux, au contraire, étaient comme des nouveautés dont tout le monde était friand; c'était vers la peinture que se tournaient tous les hommages, et il était facile de prévoir que les peintres allaient bientôt devenir les personnages les plus importants dans notre domaine des arts.

La principale cause de cette réaction nous venait d'Italie; les Carrache étaient alors dans le plus grand éclat; les querelles entre les *naturalistes* et les *idéalistes* commençaient à devenir bruyantes, et l'écho en venait jusqu'à nous. Ceux de nos jeunes artistes qui, pendant les troubles, avaient quitté la France et passé les Alpes, faisaient à leur retour les plus merveilleux récits des miracles qui s'opéraient à Bologne. Enfin, pour achever de nous séduire, on nous envoyait des bords de l'Arno une nouvelle reine pour qui les tableaux étaient devenus un luxe nécessaire, et qui allait faire de l'amour de la peinture la vertu obligée des courtisans.

Nous n'avions alors parmi nos peintres rien de bien remarquable à lui offrir. Le vieux Dubreuil vivait encore, et les glaces de l'âge ne lui avaient pas apporté le talent qu'il n'avait jamais eu. Cependant le roi, qui avait repris avec ardeur les embellissements de Fontainebleau, comme pour constater que la royauté continuait son œuvre, faisait, depuis quelques années, travailler, sous les ordres de Dubreuil, Ambroise Dubois[1], Bunel, Lerambert, Jean de Brie et quelques autres. Mais tous ces peintres se ressentaient du long sommeil dont on venait de sortir; ils n'avaient ni originalité personnelle ni physionomie d'école.

1. De tous ces peintres, Ambroise Dubois est le seul dont il reste quelque chose. Les tableaux encastrés dans le plafond de la salle ovale à Fontainebleau, salle où naquit Louis XIII, sont de la main d'Ambroise Dubois. Ils représentent les amours de Théagène et Chariclée. Sauf deux ou trois figures dont les airs de tête ne manquent pas d'élégance, il n'y a dans tous ces tableaux qu'un style tellement mou et banal, qu'au premier coup d'œil on ne sait à quelle époque ils appartiennent. L'exécution matérielle n'est cependant pas sans quelque mérite.

Aussi lorsque, quelques années plus tard, Dubreuil vint à mourir (vers 1607), ce ne fut pas dans leur rang qu'on chercha son successeur. La cour aurait désiré quelque grand nom d'Italie; mais il y avait alors à Rome un Français qui s'y était acquis une telle célébrité que le choix du roi dut tomber sur lui. Son nom était Fréminet : parti de France en 1592, il y avait quinze ans qu'il habitait l'Italie. Il s'était lié d'une étroite amitié avec le Josépin, et lui avait souvent prêté secours contre ses fougueux adversaires. Les biographes de Fréminet ont soin de remarquer que, tout en étant l'ami de Josépin, son goût l'avait porté à imiter plutôt Caravage. Rien n'est moins exact. Fréminet avait horreur du style grossier et sans façon des *naturalistes;* Michel-Ange était son Dieu. Mais il peignait d'un ton noirâtre et prononçait très-fortement ses ombres; c'est de là qu'est venue la méprise. Les travaux du Caravage sont noirs, ceux de Fréminet le sont aussi; on en a conclu qu'ils étaient de même famille, tandis qu'au fond c'est l'eau et le feu.

Fréminet, nommé premier peintre du roi, fut aussitôt chargé du travail des voûtes de la chapelle de la Sainte-Trinité à Fontainebleau, voûtes jusque-là toutes nues et qui avaient fait dire à l'ambassadeur d'Espagne qu'il n'y avait que Dieu qui fût mal logé chez le roi. Ce grand travail dura près de dix ans; il n'était qu'ébauché lorsque Henri IV fut assassiné.

Les peintures de Fréminet existent encore, bien que le temps les ait profondément altérées; peut-être recevront-elles bientôt l'honneur de cette restauration laborieuse et intelligente qui a déjà rendu à la vie et à leur premier éclat presque toutes les grandes compositions du Primatice. En attendant, malgré de déplorables dégradations, on peut encore en saisir assez distinctement le caractère, les qualités, les défauts. On y voit comme un reflet de cet aspect grandiose que le doigt de Michel-Ange impose à tout ce qu'il touche; mais on y trouve en même temps la reproduction plus que fidèle de tout ce que le grand homme s'est jamais permis de contours extraordinaires et d'effets contre nature.

Les yeux n'étaient pas préparés à ce spectacle. C'était la première fois peut-être depuis le Rosso qu'on nous donnait avec cette crudité une représentation du système florentin. On recula d'étonnement devant ces muscles en relief qui faisaient saillie même au travers des draperies, et la rudesse du coloris fit paraître encore plus dure et plus étrange cette extrême accentuation des formes. En un mot, il y eut à Fontainebleau grande foule de curieux pour contempler l'œuvre du premier peintre; mais le succès fut contesté. Fréminet s'en aperçut, et le chagrin abrégea sa vie. Il mourut deux ou trois ans après, en 1619.

Vers cette même époque, la reine mère s'occupait à réaliser, non sans beaucoup de peine et de négociations, le dessein qu'elle avait formé d'attirer à Paris une des plus grandes célébrités du siècle. C'était de sa part un acte d'impartialité, car il ne s'agissait pas d'un Italien. Le nom de Rubens était alors dans toutes les bouches. Pendant qu'au delà des monts on croyait à la résurrection de la peinture, pendant qu'on en célébrait les triomphes nouveaux, la Flandre avait vu s'opérer chez elle une révolution non moins éclatante. Otto Venius, à son retour d'Italie, s'était mis à peindre avec la chaleur de ton et la magie de couleur des Vénitiens. A vrai dire, il ne faisait que rendre à son pays ce que Venise lui avait emprunté, car ce sol brumeux de la Flandre, malgré son pâle soleil, est bien sans contredit la mère patrie du coloris. Ce n'est pas seulement l'art de peindre à l'huile que van Eyck a perfectionné; il a connu et pratiqué la science de tous les grands effets lumineux. Voyez, dans le musée de Bruges, cette Vierge glorieuse et le vieux donateur du tableau, ce chanoine à genoux entre ses deux patrons, saint Georges et saint Donat : peut-on pousser plus loin non-seulement le relief des carnations et de tous les détails du costume, mais même l'harmonie générale, la dégradation des plans, le fondu et l'empâtement des couleurs? On a peine à comprendre comment, après de tels exemples, les successeurs de van Eyck tombèrent si vite et restèrent si longtemps dans une sécheresse plate et décharnée. L'influence allemande les avait subjugués; mais, au premier signal donné par Otto Venius, les vieux instincts du pays se réveillèrent, et de ce jour l'école flamande redevint essentiellement coloriste.

Rubens, qu'on a si bien nommé le Michel-Ange de la couleur, eut à peine adopté le système de son maître[1] qu'il le porta à ses dernières conséquences. Pour lui, il n'y eut plus de formes dans la nature, il n'y eut plus que de la lumière colorée. Il était alors dans toute l'énergie de son talent; il n'avait que quarante-trois ans, et avait déjà rempli l'Europe de ses œuvres et de sa renommée. Son arrivée à Paris fit grande sensation; il reçut à la cour l'accueil le plus brillant; mais ses tableaux n'excitèrent pas une admiration

1. Otto Venius.

aussi grande qu'on devait le supposer. Peut-être l'extrême rapidité avec laquelle furent achevées ces vingt-quatre grandes toiles destinées à la décoration du Luxembourg donna-t-elle à penser que le pinceau du maître n'avait fait que les effleurer. Ce soupçon suffisait pour mettre nos amateurs sur leurs gardes; car dès cette époque ils craignaient de se compromettre, et s'entendaient mieux à juger qu'à sentir. Il y avait d'ailleurs chez Rubens un parti pris beaucoup trop exclusif et trop violent pour nos esprits tempérés et moqueurs. Quand on s'abandonne sans réserve aux charmes de ce merveilleux pinceau, c'est qu'on a la faculté d'oublier pour un moment qu'il y a dans ce monde autre chose que des carnations éblouissantes. C'était trop demander à des esprits français; les incontestables lacunes qui déparent ce grand génie n'échappèrent à personne, et la trivialité, la lourdeur, la bizarrerie de son dessin firent perdre à sa palette presque toute sa séduction et sa puissance.

Rubens ne devait donc pas faire école parmi nous. Pour réussir complétement à Paris, je ne dis plus, en France, parce quepour les arts la France commençait dès lors à être tout entière dans Paris ; pour obtenir, dis-je, à Paris un succès complet et assuré, il ne fallait rien d'exclusif, rien qui prêtât au ridicule, et par conséquent rien de trop vivement prononcé.

Fréminet avait échoué, moins parce qu'il n'était pas un homme supérieur que parce qu'il s'était jeté sans prudence et sans modération dans l'imitation de Michel-Ange. Rubens n'avait réussi qu'à moitié, malgré son génie et son grand nom, parce qu'il y avait en lui quelque chose d'outré et d'excessif. Tous ceux qui se présentèrent dans ces mêmes conditions éprouvèrent le même sort. Ainsi Blanchard, qui s'était fait exclusivement vénitien, le Valentin, qui n'avait étudié et qui n'imitait que Caravage, malgré de très-belles facultés et une grande verve de talent, ne furent que médiocrement goûtés ; ils trouvèrent bien quelques chauds partisans, mais encore plus de détracteurs. Un seul homme devait joindre au privilége de ne blesser personne celui de plaire, pour ainsi dire, à tout le monde, et cet homme si habile ou si heureux, cet homme si bien fait pour ce public et pour cette époque, c'était Simon Vouet.

Il habitait l'Italie depuis quatorze ans, mais il avait eu la prudence de ne séjourner trop longtemps dans aucune ville et de ne s'attacher à aucun parti, pas même aux Carrache; ce qui ne veut pas dire qu'il se fût imposé la tâche d'être original et naturel, ni surtout qu'il eût le pouvoir de le devenir. Il s'était rendu familier le style de tous les maîtres à la mode et s'était fait une manière qui reproduisait jusqu'à un certain degré les qualités les plus saillantes de chacun d'eux. Son point de départ avait été le Caravage, puis il avait éclairci ses teintes en étudiant le Guide, et enfin il avait cherché à les échauffer en imitant Paul Véronèse, pour lequel étaient ses plus intimes affections. Son pinceau facile et abondant l'avait promptement rendu célèbre à Rome, à Venise, et surtout à Gênes.

Le roi Louis XIII, dont il était déjà le pensionnaire, lui donna l'ordre de quitter l'Italie et de venir occuper la charge de premier peintre, encore vacante, je crois, depuis la mort de Fréminet. Parmi les nombreux talents de Vouet on citait celui de peindre avec adresse le portrait au pastel; or le roi, qui s'exerçait déjà dans ce genre, avait résolu, d'après les conseils du cardinal, d'en faire une étude plus approfondie, et c'était à Vouet qu'il réservait l'honneur de lui servir de guide.

Le premier peintre prit possession de sa charge en 1627. Un logement lui fut donné dans les galeries du Louvre. Ce n'était que le prélude des biens et des faveurs qui allaient pleuvoir sur lui.

On ne s'imaginerait jamais l'admiration sincère et prolongée qu'excita cette façon de peindre, où se trouvaient fondus et mariés avec une certaine fraîcheur les différents styles dont l'Italie était alors si fière. C'est chose assez triste à dire, mais l'apparition du *Cid* ne produisit pas plus d'effet que les premiers tableaux de Vouet. Il fut proclamé tout d'une voix le restaurateur de la peinture, le fondateur de l'école française, et le nom lui en est resté dans les livres. Tout le monde voulut avoir de ses œuvres. Sans parler du roi, qui le fit travailler successivement au Louvre, au Luxembourg, à Saint-Germain ; sans parler du cardinal, qui le chargea de peindre la chapelle et la galerie de son nouveau palais, on vit tous les seigneurs de la cour le supplier de décorer, celui-ci son hôtel, celui-là son château. C'est ainsi qu'en peu d'années il couvrit de ses peintures l'hôtel Bullion, le château de Ruel, le château de Chilly, l'hôtel Séguier, l'hôtel de Bretonvilliers.

Si l'on se disputait ses ouvrages, on ne fut pas moins avide de ses leçons. Il fut, pour ainsi dire, contraint d'ouvrir un atelier, et cet atelier, qui lui donna bientôt les moyens d'accroître encore ses succès et son autorité, devint aussi dans l'avenir sa sauvegarde contre l'oubli; car, ainsi que nous l'avons déjà dit, il eut la singulière fortune de compter parmi ses élèves presque tous les hommes qui, pendant le cours de ce siècle, s'illustrèrent à des titres et à des degrés divers comme peintres français.

C'est dans cet atelier que nous avons laissé Eustache le Sueur. Nous connaissons le maître; voyons maintenant ce qu'allaient devenir entre ses mains les précoces talents du disciple.

---

# III

Le Sueur suivit d'abord avec docilité les conseils de Vouet; il était trop timide pour affecter l'indépendance, trop modeste pour en avoir seulement la pensée. C'était à son insu, et comme entraîné malgré lui, qu'il devait s'écarter des traces de son maître et marcher dans la voie où l'appelait sa vocation.

Le maréchal de Créquy, en revenant de ses ambassades à Rome et à Venise (1634), avait rapporté une riche collection de tableaux que tout Paris courait visiter. Les élèves de Vouet furent admis à la voir, et leurs regards se portèrent tout d'abord et se fixèrent presque exclusivement sur les œuvres des maîtres contemporains tels que l'Albane, le Guide, le Guerchin et autres célébrités de l'époque.

5.

Le Sueur seul ne s'arrêta pas longtemps à les contempler : il avait aperçu dans le fond de la salle d'autres tableaux qui n'étaient pas, il est vrai, aux places d'honneur, mais dont ses yeux ne pouvaient se détacher. C'étaient quelques peintures des maîtres du quinzième siècle; c'étaient aussi plusieurs Francia, un André del Sarto, deux ou trois copies de Raphaël exécutées sous ses yeux.

De ce jour, s'il faut en croire ceux qui rapportent cette anecdote, le Sueur comprit qu'il faisait fausse route. Il devint soucieux, rêveur, mécontent de tout ce qu'il essayait. Il avait été comme frappé de révélation : la simplicité de l'ordonnance, le calme du dessin, la justesse des expressions lui étaient apparus comme des vérités pour lesquelles il se sentait intérieurement prédestiné. Ce genre de peinture était, pour ainsi dire, familier d'avance à son esprit; mais c'était une nouveauté pour ses yeux. Les artistes ne disposaient pas alors comme aujourd'hui des moyens de tout connaître et de tout comparer; le pauvre jeune homme n'avait pas ses entrées dans le cabinet du roi où se conservaient les tableaux de Raphaël et de Léonard; il avait bien vu des copies de Raphaël, mais des copies comme on les faisait alors, c'est-à-dire des traductions plus que libres, des variations fantastiques sur un thème méconnaissable. C'est à peine si de nos jours, où théoriquement on sait ce que doit être une copie, il se trouve des mains capables d'en faire une fidèle; alors il n'y avait ni théorie ni pratique : on faisait à Raphaël l'honneur de le rajeunir.

Le Sueur eût désiré peut-être faire des études chez le maréchal de Créquy; mais son maître, qui succombait alors sous ses innombrables travaux, avait besoin du secours de ses élèves les plus habiles et ne lui laissait pas une heure de liberté. La reconnaissance, plus encore que son embarras naturel, empêchait le jeune artiste de secouer cette tyrannie. Il passa ainsi quatre ou cinq années fort hésitant, fort combattu. Chaque jour, pour gagner du temps, Vouet adoptait des méthodes de plus en plus expéditives, et, pour ne pas laisser voir sur les toiles qu'il achevait la trace de deux pinceaux différents, il fallait que le Sueur se conformât exactement à ces méthodes. Cependant le dégoût de cette manière lâchée augmentait en lui à mesure qu'il entrevoyait plus clairement un autre but, et il commençait à craindre, non sans raison, qu'à force de contracter de telles habitudes, il ne devînt incapable de s'en délivrer plus tard, même au prix de pénibles efforts.

Une occasion s'offrit enfin où son maître le laissa libre. Vouet avait été chargé de faire huit grands tableaux destinés à être exécutés en tapisserie. Les sujets devaient être tirés du poëme si bizarre du dominicain François Colonna, intitulé *le Songe de Polyphile*. Ce travail ne plaisait pas à Vouet; il l'abandonna complétement à le Sueur, qui pouvait avoir environ vingt ans. Le jeune peintre entreprit cette tâche avec tant d'ardeur qu'en moins de deux années il avait achevé les huit compositions.

Elles ne sont pas toutes parvenues jusqu'à nous; mais, à en juger par celle qui nous reste, elles étaient remarquables par la disposition claire et facile des figures et par une expression à la fois digne et gracieuse qui convenait à ce sujet d'une mysticité presque érotique.

Ce début de le Sueur eut un certain éclat et lui valut de bienveillants encouragements. Son maître toutefois ne parut que médiocrement satisfait : il ne put se dissimuler qu'il y avait dans ce coup d'essai une tentative d'affranchissement, un oubli volontaire de ses exemples, une critique indirecte de ses leçons. On dit même qu'il s'ensuivit entre le maître et l'élève un certain refroidissement.

Mais un événement plus important semble avoir dû aider le Sueur à sortir de tutelle, en exerçant sur sa vie d'artiste une solennelle influence.

Quelques temps avant que Simon Vouet quittât l'Italie et vînt fonder en France sa grande fortune, on avait vu s'établir silencieusement à Rome un Français qu'à son air grave et recueilli on aurait pris pour un docteur de Sorbonne, mais dont l'œil noir lançait, sous un épais sourcil, un regard plein de poésie et de jeunesse. Sa façon de vivre n'était pas moins surprenante que sa personne. On le voyait marcher dans les murs de Rome, ses tablettes à la main, dessinant en deux coups de crayon tantôt les fragments antiques qu'il rencontrait, tantôt les gestes, les attitudes, les physionomies des personnes qui se présentaient sur son chemin. Toujours seul, on ne lui connaissait pas même un domestique; seulement il s'asseyait parfois le matin sur la terrasse de la Trinité du Mont, à côté d'un autre Français moins âgé de cinq ou six ans, mais déjà connu pour faire des paysages d'une telle vérité, d'une beauté si neuve et si merveilleuse, que tous les maîtres italiens lui rendaient les armes, et que depuis deux siècles il n'a pas encore rencontré son égal.

De ces deux artistes, le plus âgé avait évidemment sur l'autre la supériorité du génie sur le talent. Les conseils de Poussin, ses moindres paroles étaient recueillies par Claude, son ami, avec déférence et respect; et cependant, à ne consulter que le prix qu'ils vendaient l'un et l'autre leurs tableaux, le paysagiste avait pour le moment une incontestable supériorité.

Qu'on se figure l'effet qu'avait dû produire dans Rome, à cette époque, l'impassible austérité, l'audacieuse indépendance dont l'artiste français faisait profession. En présence de l'orgueil délirant des ateliers, au milieu de leurs triomphes et de leurs colères, proclamer tout haut qu'il regardait comme non avenues toutes les écoles, toutes les traditions académiques et autres, se faire à soi-même sa méthode, son style, sa poétique, sans vouloir ressembler à personne, c'était évidemment s'exposer à passer pour fou, pour visionnaire, et, qui pis est, à mourir de faim. Toutefois, lorsque après avoir bien ri de pitié, les gens de bonne foi s'aperçurent que l'artiste n'en était pas ébranlé, qu'il ne transigeait pas, qu'il persévérait comme Galilée, ils furent saisis de vénération pour sa constance, et bientôt il fallut reconnaître que cette constance ne provenait que du génie. Chose vraiment singulière, les opinions régnantes n'en furent pas modifiées; on continua à se livrer à tous les caprices, à toutes les aberrations des idées à la mode, et cependant on fit une place parmi les peintres, et même une place d'honneur, à cet homme qui protestait contre ces caprices et qui était la condamnation vivante de ces idées. On l'admit d'abord à titre de penseur et non de peintre; on lui reconnut le droit de parler à l'esprit, sinon de charmer les yeux : c'était un philosophe dont on admirait la morale sans se croire obligé de la pratiquer, un stoïcien à la cour de Néron. Mais, à quelque titre qu'il se fût fait accepter, le grand homme avait accompli son œuvre, et, après quinze ans d'efforts et de patience (c'est-à-dire vers 1639), il avait acquis dans Rome une célébrité presque populaire.

Le bruit s'en répandait depuis quelques années en France, au grand effroi de Vouet.

Il y avait déjà douze ans que le *premier peintre* exploitait sa faveur : les rues étaient pavées de ses œuvres ; le roi ne s'amusait plus à faire des pastels ; sa santé s'altérait, il se lassait de Vouet comme de tout le reste ; il lui fallait du nouveau, et un jour la passion le prit de faire venir Poussin. Il ne pouvait lui offrir la charge de premier peintre, puisqu'elle était occupée par Vouet ; mais il lui fit promettre de riches pensions et des avantages considérables. Poussin ne voulut à aucun prix quitter Rome ; il résista pendant plus de six mois, et laissa presque sans réponse les lettres de M. Desnoyers, le surintendant des bâtiments royaux ; mais enfin le roi lui écrivit de sa propre main et dépêcha M. de Chanteloup à Rome pour le ramener. Il fallut bien céder et se mettre en route vers Paris [1].

Un carrosse du roi l'attendait à Fontainebleau et le conduisit au logement qui lui

1. A la fin de l'année 1640.

avait été préparé dans le jardin des Tuileries. Le lendemain on le mena faire sa cour au cardinal, qui l'embrassa et lui commanda quatre tableaux; puis il fut conduit à Saint-Germain, où le roi lui fit l'insigne honneur de le recevoir à la porte de sa chambre, et dit en se retournant, aux courtisans témoins de l'entrevue : *Voilà Vouet bien attrapé!*

Il n'est pas vrai que ce mot ait fait mourir Vouet six mois après[1]; mais on comprend qu'il dut porter la rage au cœur du peintre détrôné, et que Poussin, qui le prévoyait d'ailleurs, allait être en butte aux attaques d'une rivalité furieuse.

Sans en prendre souci, il se mit au travail, et on le vit, en quelques mois, peindre d'abord un grand tableau représentant la *Sainte Cène*, pour le maître-autel de l'église de Saint-

1. Sur la foi de Félibien, presque tous les biographes supposent qu'il mourut le 5 juin 1641; mais il est aujourd'hui prouvé par pièces authentiques qu'il a vécu jusqu'au 30 juin 1649. C'est le frère de Vouet, peintre lui-même, qui est mort le 5 juin 1641.

Germain en Laye ; puis, pour le noviciat des jésuites à Paris, le *Miracle de saint François Xavier*, cette admirable résurrection d'une jeune fille, qui se voit au Louvre aujourd'hui. Bien d'autres toiles d'une moindre importance furent alors achevées par lui. Il vivait retiré, peignant ou écrivant toujours, sans bruit, sans autre distraction que la compagnie de quelques amis de jeunesse qu'il avait retrouvés à Paris.

Mais pendant qu'il restait fidèle à ses laborieuses habitudes, l'intrigue n'avait cessé d'agir et grandissait sourdement. Déjà même elle en avait tant fait et tant dit contre lui que ses protecteurs eux-mêmes, M. Desnoyers, M. de Chanteloup, le roi, et jusqu'au cardinal en étaient comme embarrassés et semblaient presque se dire qu'en le faisant venir ils s'étaient mis sur les bras une méchante affaire.

Les attaques devinrent enfin si vives que Poussin n'eut plus le courage de les mépriser. Il quitta ses pinceaux et prit la plume. La querelle s'était animée à l'occasion du *Miracle de saint François Xavier*, qu'on avait exposé dans l'église des jésuites, vis-à-vis d'un tableau de Vouet, tableau d'une fadeur plus qu'ordinaire. On donna la palme à Vouet, cela va sans dire ; puis il fallut faire le procès à Poussin : on prouva que son tableau était d'une immobilité glaciale, et on demanda ce qu'on pouvait penser d'un homme qui poussait la manie des statues antiques jusqu'à donner à son Christ la figure d'un Jupiter Tonnant.

Poussin fit une excellente réponse : « Quant au Christ, dit-il dans sa lettre à M. Desnoyers, je n'en ai pas fait un Jupiter ; j'ai seulement voulu lui donner la figure d'un dieu et non pas un visage de *torticolis* ou d'un *père Douillet.* » C'était caractériser en deux mots la mollesse contournée non-seulement de Vouet et de ses élèves, mais de Lahire, qui prétendait faire école à part, et de presque tous les autres peintres alors en réputation.

Jusque-là on s'en tenait aux plaisanteries ;

les grandes fureurs éclatèrent à propos de la galerie du Louvre. Poussin avait été chargé par le roi d'en régler et d'en ordonner les décorations; il pensait que cela voulait dire qu'un plein pouvoir lui était donné pour disposer tout selon son goût. Mais, sans compter Vouet, qui prétendait avoir des droits sur ce travail, deux autres adversaires vinrent le lui disputer : d'abord Lemercier, architecte du roi, qui avait fait un projet de décoration pour la galerie et qui en partie déjà l'avait mis à exécution, puis un Flamand, Fouquières, peintre de paysage, qui s'était fait donner, par le surintendant des bâtiments, l'ordre de peindre une ville de France sur chaque trumeau de la galerie. Ce Fouquières avait été introduit à la cour par la reine mère, il y avait vingt ans; il était en grande renommée et d'un orgueil plus grand encore. C'était le marquis de Tuffière du paysage; il se croyait noble et ne peignait jamais que l'épée au côté. Aussi Poussin, dans ses lettres, l'appelle-t-il avec un grand sérieux monsieur le baron de Fouquières[1]. Or ce Fouquières voulait que ses paysages fussent le principal ornement de la galerie ; et comme les plans de Poussin contrariaient ses projets, il les trouvait détestables. Quant à Lemercier, c'était encore bien pis : Poussin avait fait jeter bas toutes les corniches, tous les caissons dont il avait surchargé les voûtes de la galerie. Lemercier criait au sacrilége, au scandale, au vandalisme.

Poussin fit un long mémoire justificatif dans lequel il démontra, avec une admirable lucidité et par des raisons toutes techniques, combien son plan était irréprochable, combien celui de ses adversaires était impraticable et ridicule ; puis il terminait en demandant s'il avait été, oui ou non, chargé, sous sa responsabilité, de décorer la galerie du Louvre.

1. « M. le baron de Fouquières est venu me parler avec sa grandeur accoutumée. Il trouve fort étrange qu'on ait mis la main à l'œuvre de la grande galerie sans lui en avoir communiqué aucune chose. Il dit avoir un ordre du roi, » etc. (Lettre à M. de Chanteloup.)

La réponse s'étant fait attendre, il renouvela sa question, mais en termes plus nets et plus pressants. On lui fit dire qu'avec du temps tout pouvait s'accommoder. Dès lors il comprit que la place n'était pas tenable, et son parti fut bientôt pris. Sous prétexte d'aller mettre ordre à ses affaires et de ramener sa femme, il demanda la faveur d'un congé pour retourner à Rome. Ce projet d'absence ne déplut pas à la cour ; c'était un moyen d'ajourner une difficulté, et pour quiconque est au pouvoir, un ajournement est toujours bienvenu. Mais, cette fois, l'ajournement fut éternel. A peine de retour à Rome [1], Poussin apprit que le cardinal venait de mourir ; puis, cinq mois plus tard, le roi suivit le cardinal. M. Desnoyers ne conservait pas à la nouvelle cour sa charge de surintendant. Si, malgré ce puissant patronage, Poussin, pendant son séjour en France, avait éprouvé tant de traverses et d'ennuis, que serait-il devenu après la mort et la

1. Le 5 novembre 1642.

retraite de tous ses protecteurs? Il renonça donc pour jamais à revoir la France, et reprit ses habitudes romaines pour ne plus les quitter qu'avec la vie.

Pendant ces deux années que Poussin avait passées à Paris, le Sueur avait-il pu ne pas chercher à le connaître? Il eût fallu presque un fâcheux hasard pour qu'il n'eût pas occasion de le voir, de lui parler, de s'en faire remarquer ; et du moment qu'entre eux certaines relations devenaient nécessaires, comment ne pas admettre qu'elles devaient être bienveillantes? L'élève de Vouet avait avec Poussin des affinités naturelles, et mille liens secrets les préparaient à s'unir. Chez eux tous les instincts, tous les penchants étaient les mêmes. C'étaient même candeur, même sérieux amour, même respect de l'art; et, d'un autre côté, pas un seul germe de discorde, la différence d'âge excluant toute rivalité. Aussi, jusqu'à ces derniers temps, une tradition, qui semblait respectable, voulait qu'entre nos deux grands peintres se fût alors formé un commerce amical qui avait survécu à leur séparation. On allait jusqu'à dire que Poussin, de retour à Rome, n'avait pas renoncé à veiller sur son jeune ami ; qu'il lui continuait ses conseils, l'aidait à s'affranchir des derniers restes de son éducation, à s'affermir dans la voie où de lui-même il s'engageait déjà ; et que, de temps en temps, joignant l'exemple au précepte, il lui faisait passer des croquis, des dessins, presque toujours d'après l'antique, d'après quelques figures choisies à son intention, et dont il lui développait les beautés.

Qu'y a-t-il là qui rabaisse le génie de le Sueur, et d'où vient que d'estimables érudits, qui ont récemment publié sur les peintres de ce temps-là, et en particulier sur le Sueur, d'intéressantes recherches, s'attaquent à cette tradition comme à un conte imaginaire, à une fable ridicule[1] ? S'ils se bornaient à dire

1. C'est aux auteurs du recueil intitulé *Archives de l'art français*, et particulièrement à l'un d'eux, M. Dussieux, que sont dues les recherches dont nous parlons. Elles ont été pu-

6

qu'aucun document écrit, de date contemporaine, ne la confirme expressément, nous en tomberions d'accord, pourvu qu'il fût en même temps constaté qu'aucun document écrit ne l'infirme non plus[1]. Les preuves

bliées sous ce titre, *Nouvelles Recherches sur la vie et les ouvrages d'Eustache le Sueur, par L. Dussieux, avec un catalogue des dessins de le Sueur, par A. de Montaiglon.*

M. Dussieux et ses collaborateurs ont eu l'heureuse idée de demander et sont parvenus à obtenir communication des papiers de l'ancienne Académie de peinture, déposés depuis la révolution aux archives de l'Ecole des beaux-arts. De ce précieux dépôt, resté trop longtemps en oubli, ils ont tiré la matière de plusieurs volumes pleins d'utiles renseignements. Ce ne sont pas seulement les procès-verbaux et les comptes rendus des travaux académiques qui sont là conservés ; outre ce genre de documents, qui lui-même n'est pas sans intérêt, on y trouve un grand nombre de pièces manuscrites qui racontent la vie et décrivent les œuvres des principaux membres de la compagnie, et notamment de ses douze premiers fondateurs. Ces notices, écrites par ordre de l'Académie, sous son contrôle, par ses secrétaires historiographes ou par des membres honoraires, amateurs éclairés, présentent assurément les meilleures garanties d'exactitude et de véracité. Sans les tenir pour infaillibles, on doit les consulter en toute confiance.

1. Nous insistons sur ce point. A la manière affirmative dont M. Dussieux traite d'*imaginaires* les relations de le

manquent de part et d'autre, voilà le vrai; mais, du côté de la tradition, il y a des vraisemblances, des probabilités, ce qui est bien quelque chose. Que deviendrait l'histoire, s'il

Sueur avec Poussin, on est d'abord tenté de croire qu'il est en possession d'un texte où l'impossibilité de ces relations est expressément démontrée; mais pas du tout : M. Dussieux ne s'appuie sur aucun texte; il fonde son incrédulité uniquement sur le *silence* que gardent les notices trouvées par lui et ses collaborateurs à l'École des beaux-arts. De ce que ces notices ne disent rien des relations supposées entre les deux artistes, il conclut que ces relations sont *absolument imaginaires*.

Cette façon d'argumenter pourrait avoir quelque valeur si les documents en question entraient dans certains détails sur la vie privée de le Sueur. Supposons qu'on nous donnât les noms de quelques personnes avec lesquelles il était lié, l'omission du nom de Poussin deviendrait significative; mais loin de là, ces notices, ainsi qu'on le verra plus loin, sont, en ce qui concerne la personne et la vie de l'artiste, d'un laconisme extrême; elles n'en disent que deux mots, sans y attacher d'importance, ne s'occupant que des tableaux, et encore, dans le peu qu'elles disent de sa personne, il y a des inexactitudes, ainsi que M. Dussieux le reconnaît lui-même. On y voit, par exemple, que le Sueur n'avait pas de frères, tandis qu'il en avait trois; que sa femme ne lui avait donné qu'un fils et une fille, tandis qu'on sait qu'il a eu quatre enfants. Nous ne devons pas tout accepter dans ces notices, encore moins attacher un sens même aux choses qu'elles ne disent pas.

fallait la réduire aux faits strictement authentiques? Est-il un moyen moins sûr et plus aride d'arriver à la vérité que cette méthode négative qui met tout en question, ne croyant que ce qui est écrit, méthode de greffier plutôt que d'historien? Du moment qu'il faut reconnaître, et personne ne songe à le nier, pas même les érudits dont nous parlons, que le style de Poussin dut être pour le Sueur l'objet de sérieuses études, et que la transformation de l'élève de Vouet dut provenir au moins autant de ses réflexions sur ce style que d'une connaissance plus ou moins imparfaite des œuvres de Raphaël, comment se révolter si fort contre une tradition qui, après tout, ne dit presque rien de plus?

Ne nous hâtons donc pas d'effacer toute trace de la rencontre de ces deux hommes et même de leur amitié. Et si la tradition nous dit encore qu'après le départ du grand peintre le jeune artiste se sentit tristement isolé, qu'en prenant un tel guide il avait encouru l'inimitié de son ancien maître, la froideur de ses camarades, la malveillance de toutes les médiocrités ameutées contre l'homme de génie, n'allons pas crier au roman et ne haussons pas les épaules. Il n'y a dans tout cela rien que de très-plausible; et même, à la rigueur, nous admettons aussi, comme on l'affirme encore, que les amis de Poussin furent, après son départ, l'appui principal et comme le refuge de le Sueur. Il est vrai que le nombre n'en était pas très-grand, et, à l'exception de Stella, qui avait su se mettre assez bien en cour, tout ce petit cercle était composé de personnages ou trop solitaires ou trop obscurs pour être d'un grand appui dans le monde.

Il y en avait un pourtant qui, comme artiste et comme homme, pouvait porter certain secours : je veux parler de Philippe de Champagne. C'était la plus vieille amitié de Poussin à Paris; ils s'étaient liés vingt ans auparavant, lorsque habitant ensemble au collége de Laon, ils peignaient des panneaux de portes au Luxembourg, sous les ordres de

Duchêne, le peintre ordinaire de la reine Marie de Médicis. Champagne n'avait ni la force de conception ni la richesse et l'élévation de pensées de Poussin; mais, à un degré différent, il avait pris parmi les peintres de l'époque une attitude presque aussi indépendante et aussi originale. Jamais il n'avait sacrifié à la mode; il n'était tombé dans aucun des écarts du style italien dégénéré. Son esprit droit, simple, laborieux, son inflexible conscience, peut-être aussi son origine flamande, mais avant tout son rare talent à peindre le portrait, voilà ce qui l'avait sauvé de la contagion. Toujours en face de figures vivantes dont il fallait saisir et traduire l'expression, il ne lui avait pas été possible de perdre de vue la nature, et il n'avait eu ni le temps d'apprendre ni la pensée d'employer tous ces moyens alors en usage pour l'ennoblir et la contrefaire. Ce grand art du portrait n'avait pas seulement préservé son goût, il avait servi sa fortune en lui assurant la bienveillance d'une foule de puissants personnages;

grâce à leur protection, il pouvait se permettre mieux qu'un autre de braver le goût dominant et de faire de la peinture autrement que tout le monde. Même pendant la toute-puissance de Vouet, Champagne vit son talent respecté, et sans ses scrupules de fidélité envers la reine mère, il est à croire que toutes les faveurs du cardinal auraient été pour lui. Les peintres se consolaient en disant que ses tableaux étaient froids, son style mesquin et pauvre; mais personne ne contestait qu'il eût un grand talent, et il occupait dans les arts ce qu'on appellerait aujourd'hui une position considérable.

Le Sueur s'en fit-il un abri? Puisa-t-il une force nouvelle dans les conseils, dans l'affection de ce nouvel ami? Nous le croyons sans pouvoir l'affirmer, car sur ce point, comme à l'égard de Poussin, la tradition ne fournit pas ses preuves. Et ce n'est pas seulement cette première partie de la vie de le Sueur, ses débuts, sa jeunesse, ses premières relations, ses premières amitiés qui sont enveloppés de doute et d'incertitude; sa vie entière, cette vie si courte et si remplie, est elle-même presque un mystère. Il n'y a de clair et de visible que son talent et ses ouvrages : quant à lui-même, il reste à demi voilé aux yeux de la postérité.

Le nombre est grand pourtant de ceux qui ont parlé de lui. Les biographes ne lui ont pas fait défaut; mais ceux-là même qui l'avaient pu connaître, qui avaient vécu de son temps, comme Félibien, par exemple, ne donnent qu'une incomplète idée de sa personne et de sa vie. On n'avait pas, en ce temps-là, le genre de curiosité qui est aujourd'hui si répandu : on ne se plaisait pas aux minutieux détails, aux intimes particularités. Félibien, Brice, Perrault, Papillon de la Ferté, d'Argenville, Florent le Comte, toute la première série des biographes de le Sueur, ne s'arrêtent que devant ses tableaux, et passent en glissant sur le reste. On sait par eux qu'il vivait retiré, qu'il était timide et modeste, aimable et bon, qu'il se maria de bonne heure à la sœur d'un de ses camarades d'atelier, et que la passion du travail, qui avait altéré sa santé, finit par abréger sa vie; voilà tout. C'est seulement de nos jours, il y a peut-être cinquante ans, qu'une autre série de biographes, MM. Landon[1], Gence[2] et Miel[3], voulant éveiller l'attention, semèrent de quelques broderies ce tissu trop simple à leurs yeux. Ils avaient, par malheur, prêté l'oreille aux confidences, aux prétendues traditions de famille que le Sueur, le musicien, débitait à qui voulait l'entendre[4]. Cet homme d'un certain talent avait la double manie de se croire noble et de vouloir descendre d'un frère d'Eustache le Sueur : deux prétentions dont l'une excluait l'autre. Le pauvre sculp-

1. *Vies et Œuvres des peintres les plus célèbres* (1812).

2. *Biographie universelle*, t. XXIV.

3. *Notice* insérée dans le t. II de la *Galerie française* (in-4, 1821).

4. Landon le reconnaît lui-même : « C'est M. le chevalier le Sueur, dit-il, qui nous a fourni quelques-unes de ces particularités dont il a conservé les titres ou la tradition, et qu'on ne trouve dans aucun des biographes de le Sueur. »

teur de Montdidier n'avait transmis à ses quatre fils que le sang le plus plébéien, et quant à l'auteur de la *Caverne*, quoique originaire de Picardie, il n'y avait entre Eustache et lui aucune espèce de parenté[1]. N'importe, il n'en cherchait pas moins à décerner des lettres de noblesse à son prétendu grand-oncle.

De là des anecdotes purement imaginaires, entre autres un certain coup d'épée donné par le jeune peintre à je ne sais quel gentilhomme, cartel dont la tragique issue aurait forcé le Sueur à chercher un refuge au couvent des chartreux[2]. Qu'on fasse bon marché

1. L'abbé Tiron, qui avait été avec le Sueur enfant de chœur pendant six ans à Amiens, a publié dans la *France musicale* (1840, p. 157 à 161) des détails biographiques qui ne laissent aucun doute à cet égard.

2. Voici en quels termes M. Miel raconte cette anecdote : « C'est à la barrière de Lourcine qu'il eut à repousser l'injure faite à un de ses subordonnés par un gentilhomme. Insulté lui-même, il demanda satisfaction par les armes. Le noble reçut avec dédain le cartel d'un commis ; mais le Sueur se nomma, et l'agresseur, qui l'avait souvent admiré sans le connaître, voulut bien consentir à une réparation. Ils se ren-

de semblables sornettes, qu'on en démontre le ridicule, rien de mieux. Il ne faut pour cela ni documents nouveaux ni preuves inédites, le simple bon sens suffit, et c'est sans autre secours, sans autre autorité que nous-même, il y a plus de vingt ans, nous en avions fait justice. Mais de ce qu'on ne peut être trop

dirent à l'instant sous les murs des chartreux, et l'artiste eut la malheureuse adresse de tuer son adversaire d'un coup d'épée. Le Sueur se retira dans le couvent des chartreux, qui lui donnèrent asile jusqu'à ce qu'on eût apaisé la famille du gentilhomme. »

Est-ce la noblesse de naissance ou seulement la noblesse du talent que le gentilhomme reconnut chez le Sueur, et qui le détermina à lui donner satisfaction? La question reste douteuse; mais ce qui est au moins aussi étrange que cette aventure romanesque, c'est ce titre de *commis* dont le Sueur se trouve affublé. Pour le comprendre, il faut savoir que, quelques lignes auparavant, M. Miel nous apprend que le jeune artiste remplissait un emploi d'inspecteur des recettes aux entrées de Paris. C'est là un fait dont, avant lui, personne n'avait dit un mot, et comme il n'indique aucune preuve à l'appui de son allégation, comme nous savons au contraire, par d'infaillibles indices, que le Sueur, en ce temps-là, était entièrement absorbé par l'étude de son art, on doit tenir pour aussi peu sérieux l'emploi d'inspecteur des octrois que le fait d'armes de la barrière de Lourcine.

sévère pour des supercheries qu'on a vu fabriquer, dont on sait l'origine, s'ensuit-il que toute tradition même ancienne et de source inconnue, qui n'a pas ses papiers en règle, doive être tenue pour suspecte? Encore un coup, nous ne le pensons pas. Mais n'insistons pas davantage; laissons là Champagne et Poussin, et rendons plutôt grâce à nos contradicteurs de leur bonne fortune de la trouvaille qu'ils ont faite. On leur doit toute une série nouvelle de biographies de le Sueur, notices inconnues, inédites, qui dormaient depuis cent ans et plus dans de poudreux cartons transmis par héritage de l'ancienne Académie royale de peinture à l'Ecole actuelle des beaux-arts.

Quels sont ces documents? quels en sont les auteurs et les dates? Ce nouveau dossier de le Sueur, si l'on peut s'exprimer ainsi, se compose de sept pièces, de sept notices manuscrites. La plus ancienne, celle qui a servi de modèle aux six autres, et qu'elles reproduisent toutes, à quelques variantes près (même celle dont le comte de Caylus est l'auteur), a été lue devant la compagnie, le 5 août 1690, trente-cinq ans par conséquent après la mort du grand artiste. L'auteur, Georges Guillet, plus connu sous le nom de Guillet de Saint-Georges, n'était pas d'âge à avoir vu le Sueur, ou du moins à en avoir gardé des souvenirs personnels; il n'en parlait que par ouï-dire; mais il était historiographe de l'Académie, il écrivait pour elle, sous sa dictée en quelque sorte, et bien que déjà la mort eût frappé la plupart des confrères de le Sueur et presque toute sa génération, le souvenir de sa personne, et surtout de ses principaux ouvrages, devait encore survivre dans ce lieu.

Voyons donc ce que cette notice de Guillet nous apprend de nouveau sur le Sueur.

Touchant sa personne et sa vie, presque rien. Comme Félibien, comme tous les premiers biographes, Guillet effleure à peine ce côté du sujet. Vouloir tirer quelque chose de neuf du peu de mots qu'il en dit, c'est se donner une peine inutile. Avec deux ou trois phrases, non exemptes de quelque inexactitude[1], comme soi-même on en convient, il n'y a pas moyen de nous faire un le Sueur nouveau. On ne réussit à prouver ni qu'il était riche ou du moins à son aise dès le début de sa carrière[2], ni qu'il avait sciemment et

1. Notamment les contradictions sur le nombre des enfants et des frères de le Sueur.

2. M. Dussieux met au nombre des « erreurs débitées sur le Sueur sa prétendue pauvreté. » Il se fonde 1° sur ces mots de Guillet de Saint-Georges (notice n° 3) : « Il (le Sueur) a laissé un fils et une fille, qui sont tous deux pourvus à leur avantage » ; 2° sur cette phrase de M. de Caylus (notice n° 1) : « Il a laissé un fils et une fille, et vraisemblablement quelque bien, car l'un et l'autre ont été bien établis dans la suite » ; 3° sur cette circonstance que le Sueur, décédé sur la paroisse de Saint-Louis en l'Ile, a été transféré et enterré à Saint-Étienne du Mont, ainsi que le constate l'acte de décès conservé aux archives de l'hôtel de ville de Paris.

Or personne n'a jamais prétendu que le Sueur, au moment de sa mort, fût encore dans la gêne. Mais parce que, après vingt ans de travaux assidus, après avoir usé sa vie à décorer nombre d'hôtels de grands seigneurs et de riches magistrats, il avait *vraisemblablement quelque bien;* parce qu'après lui ses enfants ont pu être *pourvus à leur avantage;* parce qu'ils ont pu faire enterrer son corps dans une autre paroisse que la sienne, s'ensuit-il qu'à ses débuts, quand il étudiait chez

systématiquement refusé de voir l'Italie, ni que pendant deux années il avait soigneu-

Vouet et quand ses camarades partaient pour l'Italie, il fût en mesure de les suivre? Il faudrait pour cela que son père eût eu lui-même quelque bien, ce qui est plus que douteux, puisqu'il était venu de Montdidier à Paris (comme la notice n° 5 nous le dit) pour apprendre la profession de tourneur, et qu'il avait d'ailleurs quatre enfants, lourd fardeau, même pour le tourneur le plus habile et le mieux achalandé. Il n'y a donc là rien qui infirme l'opinion généralement admise sur le défaut d'aisance de le Sueur dans sa jeunesse.

On tire, il est vrai, parti d'un mot de Guillet de Saint-Georges, répété par le comte de Caylus. Le Sueur, disent-ils l'un et l'autre, « fit des études très-exactes sur les meilleurs ouvrages des maîtres italiens qui se trouvaient en France, mais il ne *voulut* jamais aller à Rome. » De ce mot on conclut que ce n'est pas la gêne qui l'a fait rester à Paris; qu'il aurait pu faire le voyage; qu'il en avait les moyens, puisqu'il y avait volontairement renoncé.

La conséquence n'est pas très-rigoureuse. Bien des gens savent ne pas vouloir ce qu'il n'est pas en leur pouvoir de faire. Témoin le renard de la fable. Ce n'est pas, croyons-nous, dans le sens littéral qu'est pris ici le mot *voulu*. L'intention a été tout simplement de constater un fait, de dire que le jeune artiste n'avait pas imité la plupart de ses camarades ; qu'il n'était pas allé à Rome achever son éducation, soit faute d'argent, soit humeur casanière, soit tout autre motif. Mais quant à croire qu'à cette époque l'idée fût venue à un jeune étudiant d'éviter l'Italie comme dangereuse et compromettante pour l'avenir de son talent ; que par système et de parti pris il se

sement évité toute occasion de rencontrer Poussin à Paris. On a beau commenter les mots, interpréter même le silence, on n'obtient rien de tout cela, et la figure de l'artiste, sa vie privée, son entourage, ses affaires, ses habitudes restent dans ce demi-jour où les premiers biographes les avaient prudemment laissés, et qui n'est que la conséquence du caractère même de cette modeste et laborieuse vie. Mais si la notice de Guillet est à peu près muette sur la personne, elle parle amplement de l'œuvre, et jette ainsi sur l'artiste des clartés vraiment neuves et d'un grand intérêt.

D'abord, et c'est bien là sa plus vraie nouveauté, elle met hors de contestation un fait que jusqu'ici deux hommes seulement, Florent le Comte et d'Argenville, de tous les

fût refusé au voyage, c'est confondre tous les temps et faire un pur anachronisme. L'idée est toute moderne, et si le Sueur, comme nous persistons à le croire, a plutôt gagné que perdu à ne pas faire ce voyage, c'est certainement à son insu que ce bonheur lui est arrivé.

biographes de le Sueur les moins accrédités peut-être, avaient non pas même attesté, mais indiqué, comme en passant et fort à la légère. Ce fait est que le Sueur a travaillé au Louvre.

Guillet de Saint-Georges nous dit que M. le Camus, surintendant des bâtiments, celui qui eut pour successeur M. Ratabon[1], *employa M. le Sueur pour un grand tableau qui fut placé dans la chambre du roi*. C'est ce tableau dont parle Florent le Comte, sans même dire s'il a été exécuté et mis en place, composition allégorique représentant la Monarchie française appuyée sur un globe couronné et entourée de trois autres figures de femmes, la Justice, la Valeur et la Renommée. Or Guillet de Saint-Georges ajoute que dans cette même chambre notre peintre exécuta quatre bas-reliefs en camaïeux sur fond d'or, représentant les Quatre Parties du monde, et dans un cabinet, à côté de la chambre du roi, un

1. Voyez dans notre *Essai sur l'Académie royale de peinture* (p. 105 et suiv.) le rôle qu'a joué M. Ratabon dans l'histoire de cette compagnie.

autre tableau allégorique où trois figures étaient groupées, le Temps, l'Histoire et l'Autorité; l'Autorité assise sur un trône, le Temps un livre ouvert à la main, et l'Histoire écrivant sur ce livre; puis au bas du tableau des enfants jouant avec un lion, symbole de force et de douceur.

Ce n'est pas tout; il nous dit que « la sérénissime reyne Anne d'Autriche étoit si légitimement prévenue du mérite de M. le Sueur qu'elle lui fit faire au Louvre plusieurs peintures pour l'appartement des bains, non-seulement dans la chambre où Sa Majesté couchoit, mais encore dans le cabinet qui est tout proche. » Ces peintures, presque toutes de petite dimension, de demi-nature tout au plus, étaient, d'après son dire, semées à profusion. Plafonds, dessus de portes, embrasures de croisées, volets, tout en était couvert. Dans l'alcôve de la reine, les boiseries, divisées en nombreux compartiments, encadraient une suite de compositions représentant toute l'histoire de Junon : ici Junon planant sur Carthage et lui versant ses libéralités; plus loin Junon, des hauteurs de l'Olympe, contemplant l'incendie de Troie, et vingt autres sujets de ce genre. Enfin, dans le cabinet des bains, attenant à la chambre, la mythologie faisait encore les frais de la décoration; mais au lieu de tableaux *colorés au naturel,* comme dans la chambre, c'étaient des camaïeux de couleur bleue sur fond d'or qui couvraient les panneaux des lambris et tout le corps de la menuiserie. Sur le plafond de forme cintrée qui surmontait l'enceinte des bains on voyait l'histoire de Psyché et de l'Amour divisée en divers panneaux; puis, sur l'autre partie du plafond, deux tableaux de forme octogone, traités comme tout le reste en camaïeu de couleur bleue, et représentant, l'un, Jupiter dans sa cour, donnant des ordres à Mercure, l'autre, Minerve présidant l'assemblée des Muses sur le sommet du Parnasse. Cette dernière composition, dont le dessin existe au Louvre, passe à bon droit pour un des chefs-d'œuvre du maître. Nous omettons bien d'autres figures de nymphes et de naïades, bien d'autres ornements qui complétaient la royale élégance de cette décoration.

Tout cet ensemble de peintures entièrement composées par le Sueur et même exécutées par lui, sauf quelques accessoires confiés à d'autres peintres sous sa conduite, Guillet de Saint-Georges en parle comme témoin oculaire ; il les a vues, elles existaient de son temps ; seulement il nous dit qu'il ne restait dans les appartements du roi que les bas-reliefs représentant les Quatre Parties du monde ; que les deux tableaux allégoriques en avaient été enlevés, et que « le bruit commun en attribuoit la cause à une jalousie de M. Romanelli, peintre italien que M. le cardinal Mazarin avoit fait venir de Rome. » Quant aux bains de la reine mère et aux peintures qui les décoraient, aussi bien celles de la chambre à coucher que celles du cabinet des bains lui-même, « elles se sont conservées, nous dit-il, dans leur force et leur beauté, par les soins de M. Bélot, qui est valet de chambre du roy, et qui garde dans le Louvre tout cet appartement de la reyne mère. Feu M. Bélot, son père, disposa cette auguste princesse à se servir en cette occasion du pinceau de M. le Sueur, dont il était grand ami. »

Ainsi voilà qui est clairement établi : la plupart des peintures faites par le Sueur au Louvre étaient encore en place et même en bon état vers 1690, époque où Guillet de Saint-Georges a écrit sa notice. Vingt ans plus tard elles existaient encore, ou du moins il en est question dans l'*inventaire général des tableaux du roy*, fait en 1709 et 1710, par un sieur Bailly, garde desdits tableaux. A la page 230 de cet inventaire, volume in-folio, conservé aux archives du Louvre et cité par M. Dussieux, sous cette rubrique : *Eustache le Sueur — appartements des bains de la reyne mère*, on trouve l'indication de huit tableaux qui se rapportent assez exactement aux peintures de la chambre de la reine telles que Guillet de Saint-Georges nous les décrit. Mais à partir de là il n'en est mention nulle part. Mariette, en 1744, dans le catalogue du cabinet Boyer-d'Aguilles, décrivant une estampe gravée d'après un dessin de le Sueur, ce même dessin que le Louvre possède, l'admirable dessin du *Parnasse*, déclare qu'il ne sait pas « si le célèbre le Sueur a exécuté cette pensée en peinture. Ce seroit, ajoute-t-il, un des tableaux qui lui feroient le plus d'honneur. On connaît peu de compositions aussi nobles et aussi poétiques que celle-ci. Elle est digne de Raphaël... etc. » Rien de plus judicieux que cette appréciation ; mais si le plafond du cabinet des bains eût conservé, en 1744, sa décoration primitive, si les deux tableaux octogones, *peints de bleu sur fond d'or*, eussent encore existé, un curieux aussi bien instruit que Mariette n'eût pas manqué d'en savoir quelque chose et n'aurait pas émis le doute qu'il exprime[1].

1. A moins que Mariette ne considérât pas un camaïeu comme un tableau ; ce qui peut à la rigueur se soutenir, puisque c'est un simulacre de bas-relief. Mais s'il eût connu

Pas plus que Mariette, trente ans plus tard, en 1772, Blondel ne semble avoir connu ces peintures de le Sueur : dans sa description du Louvre, si complète et si minutieuse, il n'en dit pas un mot; et ce qui est plus extraordinaire, Brice, qui écrivait avant Mariette, et qui décrit aussi le Louvre et en particulier les appartements de la reine mère, ne parle pas non plus de peintures de le Sueur, ce qui donne lieu de croire que peu de temps après 1710, cette partie du Louvre devait avoir subi dans sa décoration quelque notable changement.

On comprend donc qu'il y a vingt ans, un fait dont le souvenir s'était si promptement et si complétement éteint ne pouvait être à la légère accepté de nouveau, et que Florent le Comte et d'Argenville, qui seuls en faisaient mention, et en termes si brefs, ne devaient guère trouver crédit. Mais aujour-

le plafond du cabinet des bains, Mariette se serait autrement exprimé. La peinture, même en camaïeu, est l'œuvre du pinceau.

d'hui la question est jugée. Le témoignage de Guillet de Saint-Georges ne laisse aucune incertitude. Nous savons tout, même comment et par qui cette bonne fortune était venue à le Sueur, et l'inventaire de Bailly ajoutant à ces détails précis un supplément d'autorité, c'est désormais chose acquise et prouvée que le Sueur a exécuté au Louvre des travaux d'une certaine importance.

Il ne s'ensuit pas que sa faveur ait dû jamais être bien grande; M. le Camus d'une part, M. Bélot de l'autre, n'auraient pas eu besoin de lui venir en aide, s'il eût habituellement reçu de semblables commandes : ce devait être son début, et tout donne à penser qu'il n'eut pas autre occasion d'exercer ses pinceaux dans les demeures royales. Mais il n'en faut pas moins rectifier sur ce point la tradition généralement admise. On ne peut plus représenter le Sueur comme un peintre méconnu, négligé et presque disgracié par la cour; si petite qu'elle soit, il a eu sa part de soleil.

C'est pour nous un extrême regret et une vraie lacune dans l'œuvre de le Sueur que la perte de ces peintures du Louvre. Guillet nous dit qu'elles étaient de son meilleur temps, « de sa dernière manière, correcte et gracieuse », et le dessin qui nous en reste, ce merveilleux dessin du *Parnasse*, d'un faire si souple et si fin, d'un style si élégant et si noble, nous prouve que Guillet a raison. Le Sueur n'a rien produit de plus parfait que ce dessin. On ne peut donc trop déplorer la fatale incurie qui a laissé disparaître toute une série de compositions si précieuses et si bien encadrées dans un ensemble décoratif harmonieux et homogène. Mais, quel que soit notre regret, il y a telle autre création du maître, d'une moins bonne époque, d'une moins fine exécution, dont la perte peut-être serait encore plus grave et porterait un plus sérieux dommage à sa gloire : telle serait, par exemple, la *Vie de saint Bruno*, cette chaste et candide légende. Supposez-la détruite, vous n'avez plus qu'une imparfaite idée du génie de le Sueur : tous ses autres tableaux, même les plus austères, les plus religieux, ne peuvent remplacer ceux-là ; vous ne connaissez plus qu'à moitié aussi bien l'homme que le peintre.

On ne sait pas exactement comment ce grand travail lui fut donné. Ses habitudes de piété l'avaient-elles, comme on l'a dit, mis en rapport avec le prieur des chartreux? Peu importe. Celui-ci faisait restaurer le petit cloître de son couvent, qui, dès l'an 1350, avait été peint à fresque et dont on avait renouvelé les peintures une première fois en 1508. Les nouvelles réparations exigeaient ou qu'on blanchît les murailles ou qu'on les peignît de nouveau. Il fut décidé qu'on devait les peindre, et ce fut à le Sueur qu'on en confia le soin.

Le prix offert était modeste. Les chartreux de Bologne donnaient à cette même époque une fois plus d'argent au Guerchin pour sa seule *Vision de saint Bruno* qu'il n'en coûtait à leurs frères de Paris pour faire peindre tout leur cloître. Mais le Sueur acceptait avec joie cette pieuse et noble tâche, sans regarder au salaire. Il avait alors vingt-huit ans (1645). Marié depuis une année, il allait être père[1]. Sa vie était réglée, tout entière au travail et aux affections de famille. Pendant les trois années écoulées depuis le départ de Poussin, son talent s'était fortifié par de constantes réflexions et par l'heureuse nécessité de se gouverner lui-même. L'œuvre qu'il entreprenait eût demandé de longues préparations, beaucoup d'études de détail, beaucoup de réflexions : on ne lui en laissait pas le loisir. Les frères étaient impatients de jouir de leur cloître; il fallut obéir, et l'on sait avec quelle rapidité tout fut achevé. Dès 1647, la plupart des tableaux avaient reçu la dernière touche, et vers le commencement de 1648, c'est-à-dire en moins de trois années, ils étaient complétement terminés. Il est vrai que le Sueur s'était fait aider par ses frères Pierre,

1. Son premier né, portant comme lui le nom d'Eustache, est venu au monde le 11 juillet 1645.

Philippe et Antoine, et par Goussay, son beau-frère. Mais il avait tout composé, tout dessiné, et plusieurs panneaux avaient même été entièrement couverts de sa main.

Ces vingt-deux tableaux excitèrent d'abord un sentiment de surprise encore plus que d'admiration. Il faut avoir bien présente à la pensée la manière de composer et de peindre des Sébastien Bourdon, des Lahire, des Dorigny, de tous ceux en un mot dont les ouvrages étaient alors généralement compris et goûtés, pour se figurer combien on dut être étonné de cette simplicité, de cette absence complète de recherche et d'apparat. L'étonnement était respectueux, parce qu'une œuvre si capitale n'est jamais traitée légèrement par la foule, même quand la foule ne la comprend pas. On louait la grande facilité de l'artiste, la promptitude de l'exécution; puis, comme les conceptions supérieures finissent toujours, sur un point quelconque, par triompher des préjugés, on convenait que ce style était bien approprié au sujet; que c'était de la peinture comme il en fallait aux chartreux; qu'à l'aspect de ces tableaux on respirait la vie du cloître. On admirait donc, puisqu'on sentait cette harmonie locale, cette unité d'impression qui est le premier mérite de ces tableaux; mais on admirait en faisant des réserves et en attribuant l'effet produit, non pas au principe de vérité et de simplicité qui inspirait le talent de le Sueur, mais à une circonstance heureuse qui s'était rencontrée d'accord avec ce genre de talent.

C'est là ce qui peut expliquer comment cette *Vie de saint Bruno,* tout en excitant une vive curiosité et une estime qui ne fit que s'accroître d'année en année, ne changea rien cependant ni au goût du public ni à la direction d'études de nos peintres. Il est peut-être sans exemple qu'une production à la fois si neuve et si supérieure n'ait pas éveillé l'esprit d'imitation. C'est ordinairement la conséquence naturelle, inévitable, de tout ce qui a seulement l'apparence de la nouveauté; eh bien, ici, où ce n'était pas seulement une apparence et où quelque chose de réellement neuf et de hardiment novateur se produisait pour la première fois, personne n'eut la pensée d'imiter. Il fallait être le frère ou le beau-frère de le Sueur pour songer à suivre sa trace : c'était de la complaisance de famille ; mais, du reste, pas un élève, personne qui s'avisât de lui demander son secret.

C'est qu'aussi ce secret n'était pas de ceux qui se divulguent. Il possédait ce qui s'imite le moins, le don de l'expression. Otez l'expression de ces tableaux et cherchez-en le mécanisme, c'est-à-dire la partie matérielle dont pourrait s'emparer l'imitation, vous ne trouverez rien. Il n'en est pas de même de Poussin : il se sert de moyens, de procédés dont sans doute il est l'inventeur et qu'il emploie très-légitimement, mais dont l'usage répété constitue une manière et donne plus de prise aux imitateurs. Aussi, quoique Poussin soit resté longtemps comme isolé parmi nos peintres, il y en eut quelques-uns qui, même d'assez bonne heure, se façonnèrent à son image, et ils ont fini par l'imiter tous un peu, si ce n'est toutefois dans ce qu'il a d'inimitable. L'expression chez Poussin n'apparaît presque jamais sur les physionomies; elle se manifeste dans la pantomime, dans les attitudes, et surtout dans la liaison et dans l'ajustement des figures entre elles, dans l'ordonnance générale de la composition, et jusque dans les lignes des plans les plus reculés; elle procède de ce qui est extérieur et résulte de la combinaison du tout. Chez le Sueur, c'est le contraire : l'expression est intime; on la sent concentrée dans l'intérieur même des personnages; elle se reflète ensuite sur les physionomies, descend dans les gestes, dans les attitudes, et pénètre enfin dans toutes les parties de la composition, mais d'une manière plus vague et sans y laisser apercevoir ces contrastes, ces balancements savamment combinés qui donnent la vie aux tableaux de Poussin. Ainsi, pour imiter le Sueur, la première condition serait d'avoir son âme; et c'est là, encore une fois, ce qui ne se dérobe pas.

Cette *Vie de saint Bruno*, malgré l'état déplorable où l'ont réduite d'abord les odieuses profanations de l'envie contemporaine, puis le respect même des bons religieux, qui, en mettant sous clef leurs tableaux et en les privant d'air, les avaient exposés à d'autres sortes de dégradations; puis enfin la mise sur toile et les restaurations de 1776, sans compter les retouches sous l'empire et quelques autres plus récentes, cette *Vie de saint Bruno*, dis-je, est encore aujourd'hui un des plus beaux monuments de la peinture moderne, comme œuvre de sentiment et de naïveté sans effort ni affectation. La légende du frère Raymond le Tartufe, qui sert de préambule à celle du saint, est écrite, dans les quatre premiers tableaux, avec une clarté et une franchise pittoresque qui se marient merveilleusement à une certaine crédulité tout historique. Puis viennent le recueillement, la prière, la vocation du saint, ce tableau d'une seule figure et qui pourtant est si bien rempli par la seule émotion du pieux personnage, si puissante et si visible sous les plis de sa longue robe ; puis la distribution de ses richesses aux pauvres, la prise d'habits, la lecture du bref du pape, et par-dessus tout la mort du saint, cette scène religieusement tragique, si fortement conçue, si mystérieusement exprimée : en dépit des dégradations et des restaurations, ce sont là autant de chefs-d'œuvre d'expression qui, tant qu'il en restera vestige, feront les délices de toute âme sensible à la poésie de la peinture.

Sans doute il y a dans cette belle œuvre quelques taches et quelques faiblesses. La prestesse de l'exécution dégénère trop souvent en négligence ; le coloris, quoique toujours harmonieux et facile, manque quelquefois de force et de profondeur ; le dessin, dans certaines parties, est négligé ; quelques figures sont trop courtes, d'autres un peu longues ; à côté d'expressions saisissantes, il y en a quelques-unes de banales et tombant presque dans la manière. Il en serait autrement si toutes les figures eussent été étudiées sur nature comme celles des moines : aussi, ce qu'il y a d'incomparablement plus beau, plus vrai, plus touchant dans ces tableaux, ce sont toujours les moines. C'est que le Sueur avait eu l'heureuse idée de faire poser quelques frères non-seulement pour copier leur costume, mais pour saisir sur le fait leurs gestes habituels et tous les détails de leur physionomie. C'était encore une innovation ; Poussin lui-même, malgré ses goûts de vérité, n'a jamais composé ses tableaux les yeux fixés sur la nature ; ce n'est pas qu'il n'eût pour elle un sincère respect ; il l'aimait, il l'adorait autant que l'antique, ce qui est tout dire ; mais à la nature comme à l'antique il ne demandait que des indications, des souvenirs qu'il réglait ensuite par la pensée. Aussi ces compositions même les plus animées ont-elles un caractère abstrait : elles viennent de l'esprit et s'adressent à l'esprit. Le Sueur, en ne consultant pas seulement, mais en étudiant la nature, faisait œuvre de peintre : son seul tort était de s'arrêter en chemin ; ces figures faites de pratique, à côté de figures vivantes, font tache; elles ne disent rien et semblent même encore plus conventionnelles qu'elles ne le sont réellement.

Le Sueur sentait les imperfections de son ouvrage, et il allait au-devant de la critique en disant sans cesse, même à ceux qui le félicitaient, qu'il n'avait fait que des ébauches. Il avait raison; oui, ce sont d'admirables ébauches, des ébauches de génie; mais le Sueur pouvait-il s'élever au delà? Nous allons bien le voir tout à l'heure produire des ouvrages plus terminés; mais toujours il donnera à sa pensée ce caractère de concision, de premier jet, d'indication elliptique qui exclut les développements approfondis. Le développement, en peinture, c'est l'art d'exprimer tous les moindres détails de la vie physique et morale, c'est-à-dire de l'individualité, sans que l'harmonie et l'unité disparaissent. Merveilleuse alliance qui constitue l'ineffable beauté de quelques œuvres, je ne dis pas de toutes les œuvres de Raphaël et des grands maîtres de son temps. Mais pour unir ce rendu dans les détails au sentiment spontané de l'ensemble, pour être à la fois Léonard de Vinci et le Sueur, suffit-il de naître seul, isolé, perdu dans un siècle abâtardi ? Ne faut-il pas tenir dans sa main, comme un fil conducteur, cette chaîne de traditions qui ajoute à notre valeur personnelle le secours de tous les perfectionnements acquis par nos devanciers? C'est ce secours que nulle force humaine isolée ne peut remplacer. Des études sur nature continuées pendant la plus longue vie d'homme n'y pourraient suffire : l'individu est trop infirme et trop débile pour une telle tâche; et voilà pourquoi, lorsqu'une fois l'art s'est élevé au sommet de la perfection, et qu'il en tombe, il n'y remonte plus, à moins qu'il ne change de forme; mais il faut que le monde en change aussi, c e quin'a lieu que de la main des barbares et par une résurrection comme le christianisme. Ce sont là des questions qui nous mèneraient loin, mais dont la solution serait tout à la gloire de le Sueur; car plus nous reconnaîtrions combien est invincible l'impossibilité de toucher encore une fois la borne qu'atteignit un seul jour la peinture moderne, plus grande nous paraîtrait sa fortune de s'en être approché de si près.

Bien que ses contemporains n'eussent compris qu'à moitié le don qu'il venait de leur faire, il n'en vit pas moins croître presque aussitôt sa renommée, et de ce jour l'opinion générale le plaça à un rang éminent même parmi les peintres en faveur. Aussi lorsque, en cette même année 1648, un arrêt du conseil institua l'Académie royale de peinture et de sculpture, le Sueur fut un des douze artistes qui par le suffrage de leurs pairs furent investis du titre d'*anciens* ou fondateurs de la nouvelle compagnie. Nous avons dit ailleurs avec trop de détails à quelle fin, en quelles circonstances et à travers quelles vicissitudes cette corporation d'un nouveau genre s'était formée, pour ne pas renvoyer le lecteur au récit que nous en avons fait[1]. Qu'il nous suf-

1. Voir notre *Étude historique sur l'Académie royale de*

fise de rappeler la généreuse ardeur, le parfait désintéressement, le véritable amour de l'art dont notre jeune peintre donna de constantes preuves en se mêlant de cette affaire.

Ce n'était ni la crainte ni la rancune personnelle qui lui faisaient déclarer la guerre au corps de la maîtrise. Il ne cherchait pas à restreindre cette tyrannique puissance faute d'avoir le droit d'en profiter lui-même, car, au contraire, il était *maître*, la confrérie l'avait reçu à bras ouverts, depuis déjà quelques années, et pour sa réception il lui avait donné un tableau dont elle faisait grand cas et qu'elle conservait avec soin, un *Saint Paul à Éphèse*, expulsant les démons des corps des possédés[1]. Il était donc en règle, il pouvait user des franchises que son titre lui assurait et se livrer sans trouble à l'exercice de son art; mais son propre repos ne lui suffisait pas, il pensait à celui des autres. Les procé-

*peinture et de sculpture* (1861), chap. II. Voir aussi chap. V, p. 168 et suiv.

1. On a perdu la trace de ce tableau.

dés, les exigences, les poursuites judiciaires de la maîtrise révoltaient son esprit de justice. Il était mal à l'aise dans ce corps mercantile : s'abriter derrière un monopole lui semblait humiliant, et, comme dit Guillet, le « zèle qu'il avoit de voir en France sa profession florissante et libre de toute servitude » lui faisait prendre en dégoût son propre privilége. Il s'en dépouilla donc ; et, quittant la maîtrise, il épousa la cause de ceux qui la combattaient, ou qui du moins sollicitaient, pour se garder de ses attaques, un contre-privilége, l'érection de l'Académie.

Ce fut alors (vers la fin de 1647) qu'il renoua commerce avec le Brun, récemment revenu d'Italie et plus en crédit que jamais. Ils firent campagne ensemble en faveur de l'Académie, mais poursuivant chacun un but tout différent : le Sueur franchement ami d'une saine liberté de l'art, le Brun ne travaillant à l'affranchir que pour le mieux réglementer et l'organiser à sa mode. Aussi à chaque phase de cette laborieuse négociation on les vit embrasser un parti opposé. La lutte entre ces deux hommes ne datait pas d'un jour. Elle avait pris naissance dès leur rencontre à l'atelier de Vouet ; lutte de convictions encore bien plus que de personnes. La meilleure volonté du monde ne pouvait faire qu'ils fussent du même avis.

Pour nos artistes, et surtout pour le Sueur, c'était presque un événement que ce retour de le Brun. Il arrivait chargé de sa moisson d'Italie, soutenu par l'autorité de son voyage, précédé d'une réputation que sa présence allait encore ranimer. Ajoutez le brillant accueil qui l'attendait à la cour ; la reine mère lui demandant un tableau pour son oratoire ; le cardinal Mazarin le présentant au jeune roi ; le surintendant Fouquet lui confiant la décoration de son château de Vaux avec douze mille livre de pension, et tout cela en quelques jours, toujours grâce aux bontés du chancelier Séguier ! Ce n'est pas tout ; le Brun, pour sa bienvenue, fit ce qu'on appelait alors le tableau du *May*. L'usage était que chaque année, le 1er du mois de mai, la confrérie des orfèvres de Paris, en souvenir d'une ancienne dévotion, fit offrande à l'église Notre-Dame d'un grand tableau religieux. Les peintres les plus renommés recherchaient l'honneur de faire ces tableaux, dont l'exposition était entourée d'une grande solennité. Le Brun avait pris pour sujet le *Martyre de saint André*, et son tableau, exécuté par lui en Italie avec un grand soin et une grande dépense de savoir et d'imagination, avait contribué puissamment à lui préparer cette célébrité toute faite qui l'attendait à son retour. Le Sueur ne pouvait trouver plus belle occasion de se mesurer avec son émule. Il se présenta et fut choisi pour peindre le *May* de l'année suivante (1649).

Son succès fut complet; le *Saint Paul prêchant à Éphèse* fit pâlir le *Saint André*. Il est vrai que, sans rien sacrifier de sa pureté accoutumée, sans se permettre aucune exagération, aucun oubli de la vérité, le Sueur n'avait rien négligé de ce qui pouvait donner un grand éclat à sa composition et produire sur le spectateur une sensation profonde. Il y a dans ce tableau un mouvement, une chaleur de ton, une ampleur de dessin qui semble, au premier abord, se rapprocher un peu du style académique ; mais plus on regarde et plus on reconnaît que, pour être animée, la pantomime n'en est pas moins toujours vraie, que les expressions comme les gestes sont d'une merveilleuse justesse, et qu'en un mot ce sont les mêmes qualités que dans ses autres ouvrages, avec plus de force dans le pinceau et une exécution plus terminée.

Le Brun fut piqué au jeu et voulut prendre sa revanche. Ses amis ne manquèrent pas de dire que la palme lui était restée ; mais, bien que la nature de son esprit et son genre de talent ne le rendissent pas très-sensible à certaines perfections de son rival, il avait cependant le goût trop exercé pour ne pas sentir de quel côté était la victoire. Il demanda donc et obtint la faveur assez rare de peindre un second tableau du *May*, et deux ans après, le 1er mai 1651, il fit porter à Notre-Dame son *Martyre de saint Etienne*. On sait quelle fut l'immense réputation de ce tableau. Les habiles décidèrent que le Sueur pouvait être plus correct, mais que l'imagination, l'inspiration, le feu du génie appartenait à le Brun. On se gardait bien de lui demander compte de la pose plus que maniérée de ce Christ sur les nuages, des attitudes théâtrales de ces bourreaux posés en gladiateurs, de l'emphase déclamatoire de toute la composition; c'était précisément ce qu'on admirait comme le sublime du genre académique italien; en un mot, le Brun faisait ce qu'avait fait Vouet vingt ans auparavant, il nous apportait un composé de tout ce qu'on applaudissait alors à Rome et surtout à Bologne, car les Carrache avaient sa prédilection. Seulement, il possédait de plus que Vouet une grande facilité de composition, une majesté naturelle de style, un pinceau riche et exercé, et le souvenir un peu effacé de quelques conseils de Poussin. Tel était l'homme qu'une sorte de prédestination appelait à régner sur les arts en France dès que Louis XIV aurait pris le gouvernement de l'État, tant il y avait d'harmonie et de concordance entre les facultés de l'artiste et les goûts du souverain.

Mais n'allons pas si vite, et revenons à le Sueur. A peine était-il sorti de cette lutte avec le Brun qu'il allait en soutenir une autre, et cette fois, ce n'était pas dans le chœur d'une église et sur des sujets sacrés que devait se vider la querelle. Un riche magistrat, M. Lambert de Thorigny, avait récemment fait construire, à la pointe de l'île Saint-Louis, un hôtel ou plutôt un petit palais qu'il voulait, à l'exemple des Augustin Chigi et autres seigneurs romains, décorer à l'italienne, c'est-à-dire avec force peintures exécutées sur place. Sa bonne étoile l'avait mis en rapport avec le Sueur, alors encore à ses débuts, et c'est à lui qu'il avait confié le soin de décorer son hôtel[1]. C'était avant 1645,

1. C'est là un fait nouveau qu'ont révélé les manuscrits de

avant la grande entreprise du cloître des chartreux. Le Sueur, qui avait pris avec feu ce travail, dut pourtant l'interrompre pour commencer sa *Vie de saint Bruno*, mais non sans s'être fait déjà grand honneur à l'hôtel Lambert. Il avait achevé de nombreuses grisailles, entre autres celles de l'escalier, et avait peint dans le cabinet du président cette

l'École des beaux-arts. Les biographes affirmaient tous que le Sueur avait commencé ses travaux à l'hôtel Lambert seulement après 1648, après le retour de le Brun et simultanément avec lui. Or Guillet de Saint-Georges (m^s^ n° 3), après avoir parlé des tableaux sur *le Songe de Poliphile* et des copies de ces tableaux exécutées en tapisserie aux Gobelins, à l'époque où le Sueur suivait encore la manière de Vouet, s'exprime ainsi : « Quelque temps après (c'est-à-dire de 1640 à 1645), il fit plusieurs ouvrages dans une maison qui appartient à M. Lambert de Thorigny, président de la chambre des comptes. Comme quelques-unes de ces peintures sont de la première manière de M. le Sueur et quelques autres de son meilleur goût, il est évident qu'entre un travail et l'autre il y a eu l'intervalle de plusieurs années », etc. M. de Caylus (m^s^ n° 1) ajoute : « Il y a travaillé à diverses reprises (à l'hôtel Lambert) : aussi l'on pourrait, en quelque façon, dire qu'il y a été occupé pendant toute sa vie. »

Cette explication étant conforme au caractère très-divers des œuvres de le Sueur dans l'hôtel Lambert, il y a certainement lieu de la tenir pour vraie.

délicieuse histoire de l'amour dont nous n'avons au Louvre que les épisodes principaux[1]. Son cloître terminé, il était revenu chez M. de Thorigny; mais celui-ci, dans l'intervalle, voyant le Brun, depuis son retour, accueilli, fêté, vanté par tout le monde,

1. Les pilastres, les encadrements, les petits panneaux, les panneaux de porte, tous les accessoires, en un mot, de la décoration du *cabinet de l'Amour*, portant soit des emblèmes, des trophées, des arabesques, soit des figures et des compositions mythologiques, le tout formant plus de trente sujets variés, sont depuis cinquante ans en Berry, au château de Lagrange, où M. le comte de Montalivet, alors propriétaire de l'hôtel Lambert, les avait fait transporter.

Avant M. de Montalivet, l'hôtel avait appartenu à la marquise du Châtelet, et *la chambre des bains*, dont les admirables peintures et la délicieuse petite coupole sont encore en place, était devenue pendant quatre ans le cabinet de Voltaire.

Passé des mains de Mme du Châtelet dans celles de M. de la Haye, qui céda à M. d'Angevilliers, pour le compte du roi Louis XVI, en 1777, les peintures conservées aujourd'hui au Louvre, l'hôtel Lambert, après avoir appartenu à M. de Montalivet, de 1807 à 1816, fut acquis par l'administration des lits militaires, et plusieurs fois menacé de ruine ; mais par bonheur, depuis 1842, il est devenu la propriété de Mme la princesse Czartoriska, dont le goût éclairé est une sauvegarde pour les précieux restes de peinture qui couvrent encore une partie des lambris et des murailles de cette belle habitation.

l'avait prié de mettre aussi la main à la décoration de son autel; et c'est ainsi que la salle principale, la grande galerie, dont le plafond en voussure offrait à la peinture un champ si favorable, était devenu le partage de le Brun.

Heureusement le Sueur avait l'esprit bien fait; il accepta la part qui lui était laissée, c'est-à-dire la chambre de la présidente, le petit appartement des bains et çà et là quelques plafonds, quelques trumeaux, quelques lambris de dimension moyenne. Loin d'éviter la lutte, il la cherchait plutôt, et dans ce modeste cadre il ne négligea rien pour la bien soutenir.

Le Brun, de son côté, avait choisi, comme on pense, le sujet le plus propre à le faire valoir, sujet à grand fracas, l'*Apothéose d'Hercule*. Il le traita dans le goût des Carrache, avec savoir, ampleur et majesté, mais sans sortir du lieu commun, tandis qu'à ses côtés le Sueur redoublait de grâce, de distinction, de sentiment et de délicatesse. On peut dire qu'il se surpassa, surtout dans la salle des Muses (la chambre de la présidente), et rien ne fait mieux connaître ses admirables facultés, la souplesse de son esprit, son aptitude à percevoir toutes les formes du beau, que de mettre en regard ses créations presque simultanées du cloître des chartreux et de l'hôtel Lambert. Sa vocation, sa pente naturelle le portaient au style religieux; mais de quelle bonne grâce il se prête à un autre langage! Son imagination presque dévote accepte sans restriction, quoique avec une chaste réserve, toutes les données de la mythologie : il semble qu'il voulût frayer la route à Fénelon pour passer du cloître dans l'Olympe, en lui montrant comment on peut mêler au plus sévère parfum d'antiquité cette tendresse d'expression et cette sensibilité pénétrante qui n'appartiennent qu'aux âmes chrétiennes. Aussi, vous ne trouverez dans ces figures de dieux et de déesses ni les sévérités de la statuaire antique, ni les mignardes voluptés des danseuses de ballet;

c'est un type à part, une forme qu'il a trouvée, et qui a non-seulement l'attrait de la nouveauté, mais le charme d'une douce pureté de lignes unie à la simplicité d'expressions toujours vraies.

Il n'était guère possible, malgré les préjugés et les erreurs du goût, qu'on restât insensible à tant de séductions. Les partisans les plus outrés des lois académiques ne pouvaient nier que, si ces peintures dérogeaient au grand style, elles étaient d'une élégance et d'une légèreté ravissante. Aussi, lorsque le président de Thorigny ouvrit sa maison au public, la foule, qui suit son plaisir et ne s'arrête qu'à ce qui la charme, passa rapidement devant les magnificences de la *galerie d'Hercule*, et ce fut dans les salons décorés par le Sueur qu'elle se porta de préférence. On veut même qu'en cette occasion le Brun ait eu le déplaisir d'entendre dire au nonce, qui visitait l'hôtel et qui passait de la galerie d'Hercule dans le salon des Muses : « A la bonne heure ! voilà qui est d'un maître, le reste est *una coglioneria.* » Ce propos n'est guère vraisemblable; mais ce qui est peut-être plus vrai, c'est que le Brun, après avoir fait au nonce les honneurs de la galerie, se mit à doubler le pas en traversant les pièces peintes par le Sueur, et que le nonce, l'arrêtant, lui dit : « Pas si vite, je vous prie, car voici de bien belles peintures. »

Ce qui semble prouver que telle fut en effet l'issue de cette lutte, et qu'entre ces deux rivaux la faveur du public s'attacha cette fois au plus pur et au plus délicat, c'est de voir que le Brun, sa galerie terminée, ne toucha plus à ses pinceaux chez M. de Torigny, tandis que le Sueur, comme s'il fût resté maître de ce champ de bataille, ne cessa pas d'y travailler à divers intervalles; on dit même que peu de jours avant sa mort, il peignait encore la petite coupole de la salle des bains, la dernière et peut-être, de ses productions de ce genre, la plus fine et la plus exquise.

Les *Chartreux* et *l'hôtel Lambert*, voilà, dans

cette vie, les deux points dominants, les deux œuvres où le regard s'attache, et qui semblent avoir tout rempli : ce n'est pourtant, à vrai dire, que la moindre partie des créations de le Sueur. Sans parler de ces peintures du Louvre, qui viennent de se révéler et qui sont elles-mêmes tout un ensemble, un autre *hôtel Lambert;* sans compter ce qu'un tel travail comportait de détails, ce qu'il a dû lui prendre de temps, combien d'œuvres éparses n'a-t-il pas enfantées! Combien d'autres hôtels, que de plafonds, que de murailles, que de lambris n'a-t-il pas décorés! La liste en est presque incroyable. Déjà Florent le Comte, à la suite de sa biographie, avait dressé, vers 1699, un catalogue des ouvrages de le Sueur, et le nombre en était si grand que le catalogueur, d'ailleurs un peu suspect et brocanteur habile plutôt que critique éclairé, n'avait pas obtenu complétement créance; mais la notice de Guillet de Saint-Georges, contrôlée par l'Académie et écrite environ dix ans avant que

Florent le Comte dressât son catalogue, est une autorité qu'il faut bien accepter. Or, si Guillet ne cite pas comme authentiques tous les ouvrages que Florent attribue à le Sueur[1], il en désigne un beaucoup plus grand nombre dont Florent n'a pas dit un mot, et il donne les noms des personnes pour qui furent faits les tableaux; il indique les maisons, les hôtels où les peintures existaient de son temps. C'est une interminable suite de plafonds, de dessus de portes, de dessus de cheminée, de trumeaux, de panneaux, soit chez M. de Nouveau, à la place Royale, soit chez M. de Fieubet, rue des Lions près l'Arsenal, ou bien encore chez M. de Guénégaud, rue Saint-Louis (au Marais); chez M. Lecamus, rue Vieille-du-Temple; chez M. le président Brisonnet, près des Enfants-Rouges; chez M$^{me}$ la

1. Les ouvrages que Florent Lecomte attribue à le Sueur et dont Guillet ne parle pas, M. Dussieux suppose qu'il faut en faire honneur soit aux frères de le Sueur, soit à son beau-frère Thomas Goussé (ou Goussey), lesquels imitaient sa façon de peindre assez bien pour avoir pu tromper un juge tel que Florent Lecomte.

comtesse de Tonnay-Charente, rue Neuve-Saint-Médéric; chez Mme de Seneçay, à Conflans près de Charenton, etc., etc.

N'oublions pas surtout l'oratoire de l'hôtel de Condé, que le Sueur décora à la demande de Charlotte de Montmorency, la princesse douairière, la mère du grand Condé. Guillet nous dit que le tableau d'autel représentait une *Nativité*, le plafond une *Gloire céleste*; que le lambris était enrichi de plusieurs figures et de quantité d'ornements exécutés avec soin. C'était donc un travail complet, c'était une œuvre, dans son genre, tout aussi regrettable que les peintures du Louvre. Et dans combien d'églises, outre cet oratoire, dans combien de couvents et de communautés, soit à Paris, soit hors Paris, le Sueur n'avait-il pas semé quelques-unes de ses œuvres! Il suffit de nommer Saint-Étienne du Mont, Saint-Germain l'Auxerrois, Saint-Gervais, les Capucins de la rue Saint-Honoré, le séminaire de Saint-Sulpice, l'abbaye de Marmoutiers, l'église de Mitry près Dammartin, l'église de Conflans Sainte-Honorine; et ce n'est pas tout, il faudrait faire une autre liste, une liste plus longue encore, celle de tous les particuliers, nobles ou simples bourgeois, qui possédaient de ses tableaux[1].

Toutes ces compositions, plus ou moins importantes, tirées pour la plupart des saintes Écritures, empruntées quelquefois, soit à la Fable, soit à l'histoire, œuvres de toutes dates et de toutes manières, qui toutes, aujourd'hui, auraient pour nous tant de prix, que sont-elles devenues? Un très-grand nombre a dû périr, celles-là surtout qui adhéraient aux murailles ou qui couvraient des

1. Par exemple, M. Lecoigneux, M. de Creil, M. Bézart, M. Dufresnoy, M. Héron, M. Bacque, M. le Roy, M. Guillain, M. de Grandmont, M. Bernard de Rozé, M. Dulys, M. Pilon, médecin, M. Boudan, M. Foucaut, M. Buron, chirurgien, M. Pelletier, M. de Périgny, M. Poucet, M. Plaisan, M. Balthazar; ajoutons encore à tous ces noms ceux de personnages plus connus, M. le maréchal du Plessis, Mme la princesse de Guéménée, Mme la comtesse de Tournechaux, M. l'évêque de Boulogue, M. de Cambray, M. de Pontchartrain, etc., etc.

lambris. Puisque au Louvre il n'est rien resté de ces sortes de décors, faut-il chez des particuliers s'étonner de semblable disgrâce? On a sauvé pourtant quelques plafonds, quelques panneaux, et des toiles en bien plus grand nombre; mais tout cela est dispersé et même en partie hors de France. Vous trouvez des le Sueur en Angleterre, dans plus d'une galerie, chez lord Houghton, chez lord Besborough, chez M. Miles, dans les collections du duc de Devonshire, de lord Exeter, du comte de Schrewsbury[1]. Vous en trouvez à Berlin, à Bruxelles, même en Russie à l'Ermitage, et c'est à Munich enfin qu'est un de ses plus parfaits chefs-d'œuvre, ce *Jésus chez Marthe et Marie*, noble et touchant tableau, adorable surtout par l'expression, la pose et le style de *Marie*. C'était une des perles de la galerie du cardinal Fesch; une perle qui n'aurait dû jamais sortir de cet écrin que pour rentrer en France. Mais la France n'a pas

1. Voyez l'ouvrage de M. Waagen intitulé *Œuvres d'art et artistes en Angleterre*. 2 vol. Berlin 1837-1838.

même eu l'idée de la disputer aux Bavarois !

Cependant, malgré nos pertes et nos fautes, c'est encore seulement chez nous, c'est dans notre musée qu'on peut vraiment connaître, aimer et admirer le Sueur. Cinquante tableaux environ, y compris, il est vrai, les vingt-deux *Saint Bruno* et treize fragments de l'hôtel Lambert, nous font juger de son génie sous presque tous les aspects. C'est d'abord ce *Saint Paul à Éphèse*, œuvre puissante et magistrale, qui suffirait à la gloire d'un maître, et qui, depuis trente ans que nous la regardons, semble croître tous les jours et de vigueur de ton et de grandeur morale ; c'est cette *Messe miraculeuse de saint Martin*, esquisse qui est elle-même un miracle, et qui semble éclairée par je ne sais quels rayons divins tombant de cette hostie lumineuse ; c'est *l'Apparition de sainte Scholastique à saint Benoît*, angélique tableau où s'entrevoit la vie du ciel sous les traits de cette chaste sainte au geste modeste et doux, au regard tendre et virginal ; c'est ce *Jésus traînant sa croix* devant sainte Véronique, si simples tous les deux, l'un dans son humilité sublime, l'autre dans son pieux respect; c'est encore cette admirable *Descente de croix*, qui, parmi les mille tableaux de tous les temps et de tous les pays que cette sainte page de l'Écriture a inspirés, se distingue par un caractère si particulier d'onction, de tendresse et d'ascétique douleur. Où trouver une émotion plus vraie, un désespoir plus déchirant? Et cependant quelle douce pureté, surtout dans ces figures de femmes! quel calme dans leurs draperies! quelle simplicité de moyens pour un si grand effet! C'est la suavité de contours d'un bas-relief antique vivifiée par le feu intérieur de la foi. Enfin n'oublions pas ce *Martyre de saint Gervais et de saint Protais*, grande page historique un peu trop ordonnée peut-être et d'une ordonnance un peu froide, mais qu'animent et réchauffent ces deux figures de saints vraiment surnaturelles, ces deux frères de *Polyeucte*, s'élançant, comme lui, à la mort, à la gloire!

Voilà bien des chefs-d'œuvre, et pourtant, si nombreux, si variés qu'ils soient, vous n'avez qu'une incomplète idée du génie de le Sueur, si vous ne connaissez que ses peintures. Heureusement, depuis quelques années, le Louvre s'est décidé à tirer des cartons et des portefeuilles, où longtemps ils avaient dormi, nos principaux dessins de maîtres. Ils sont rangés par école; une série de salles est occupée par eux. Voyez donc dans cette collection, une des plus riches de l'Europe, voyez à quelle hauteur se tient le Sueur et quelle place il occupe à lui seul. Rien ne fait mieux sentir son rang et sa valeur que ses dessins ainsi mis en regard de ceux des plus grands maîtres[1]. Cette forme intime de sa

1. Consultez, pour étudier les dessins de le Sueur, l'essai de catalogue dressé par M. de Montaiglon, et imprimé à la suite des recherches de M. Dussieux.

Voici comment s'exprime au sujet de ces dessins le comte de Caylus (m' nº 1) : « Les études de le Sueur sont le plus ordinairement sur du papier gris, à la pierre noire, légèrement rehaussées de blanc; son trait est pur, il est simple, et ses draperies ont la perfection de justesse et de grandeur de plis;

pensée, ces premiers jets, ces confidences de son crayon, le révèlent seuls tout entier; et c'est seulement aussi dans ces croquis, dans ces études que vous avez la chance de retrouver quelques compositions de ses tableaux perdus ou ignorés. Passez donc en revue ce précieux dépôt; cherchez même, en dehors du Louvre, toute occasion de voir, d'étudier le Sueur dans ses dessins. Et ne vous bornez

il paraît même qu'il a été plus occupé dans toutes ses études à bien disposer ses draperies qu'à disposer exactement le nu. Il était persuadé, et il pouvait s'appuyer sur des autorités respectables, qu'il est plus aisé de dessiner une figure nue que de disposer convenablement une draperie. Ce grand homme avait encore un soin dont je ne puis m'empêcher de faire l'éloge, parce que cette exactitude me paraît fort négligée aujourd'hui : c'était celle de bien établir ses figures sur leurs *plans*. Il ne s'en écartait jamais, non-seulement par une suite de la connaissance parfaite qu'il avait de la perspective, mais on s'en apercevait encore jusque dans les premières esquisses de ses compositions, où l'on voit l'échelle perspective qui lui servait à poser ses figures juste à la place qu'elles devaient occuper; il avait affaire dans son temps à des gens extrêmement savants dans la perspective, et qui n'épargnaient point ceux qui péchaient contre les règles. Il ne voulait pas éprouver les critiques humiliantes qu'il entendait faire des ouvrages de le Brun, son émule. »

pas là : demandez à la gravure les idées qu'il lui a confiées et qu'elle a plus ou moins bien traduites. Voyez ces encadrements, ces vignettes, ces riches frontispices, dont, à l'exemple de quelques peintres de son temps, il a orné certains livres de luxe, et notamment des thèses de droit, de médecine et de théologie. Que de trésors de grâce et d'imagination dans ces dessins de librairie! Il y a là telles compositions qui valent ses meilleurs tableaux, telles figures conçues, posées, drapées avec un charme sévère qui n'est ni la pureté antique, ni la noble science de Poussin, mais quelque chose d'absolument nouveau, sans le moindre vestige d'imitation ni de réminiscence[1].

1. Nous citerons parmi ces dessins de thèses, parmi ces frontispices, d'abord la composition pour la *thèse de M. Claude Bazin de Champigny*, qui est vraiment tout un tableau; les quatre figures qui forment l'encadrement, et principalement les deux femmes placées dans le haut, sont du style le plus exquis; le frontispice de *la Vie du duc de Montmorency*, celui de *la Doctrine des mœurs*, et celui des *Œuvres de Tertullien*, sont conçus avec une facilité, une souplesse de talent que domine toujours une sagesse alors si nouvelle et si rare.

Abondance d'idées, veine large et rapide, production presque exubérante, voilà donc,

Dans le dernier, on voit saint Augustin et Tertullien assis vis-à-vis l'un de l'autre et dialoguant sur la théologie. Il est impossible de caractériser ces deux hommes avec plus d'esprit et de vérité. On conserve aussi le frontispice d'une *Histoire universelle* par un certain père jésuite dont le nom m'échappe, composition élégamment classique, dans laquelle le Temps, l'Histoire et une troisième figure sont heureusement groupés. Enfin, c'est encore un charmant petit tableau que cette *Adoration de la Vierge* gravée en miniature comme frontispice d'un office à l'usage des chartreux (*diurnale cartusiense*). Mais, parmi toutes ces gravures d'après les desseins de le Sueur, celle qui porte le cachet le plus original et qui peut le mieux faire sentir tout ce qu'il y a de neuf, de spontané, d'individuel dans ce suave génie, c'est un portrait de la Vierge porté par les anges, composition qu'il avait faite probablement pour quelque communauté de femmes : on ne trouve pas d'indication. Deux grands anges tiennent suspendu le portrait de la Vierge, que trois petits chérubins, gracieusement groupés, font effort pour soutenir ; d'autres chérubins semblent jouer, dans les angles du tableau, avec des images représentant certains symboles des litanies. Tout cela est disposé avec simplicité, sans recherche ni confusion ; puis, dans le milieu, la figure de la Vierge brille d'un éclat radieux : ce n'est pas la Vierge de Raphaël, encore moins celle de Carrache ou du Guide. Dans cette tête, la beauté provient surtout de l'expression ; c'est une jeune fille chaste, pensive, un peu fière, et pourtant c'est bien aussi la Vierge : son front rayonne de sainteté.

outre la grâce, la tendresse, la simplicité, la justesse, et souvent même la profondeur du sentiment, ce qui caractérise le Sueur. A comparer ce qu'il a fait avec le peu qu'il a vécu, on croit à quelque méprise; on ne sait comment expliquer ce qui dans ces deux termes paraît inconciliable; on est en face d'une énigme dont on ne peut trouver le mot. Il n'est en ce genre qu'un problème peut-être encore plus insoluble, la vie et l'œuvre de Raphaël.

Et maintenant nous étonnerons-nous si chez le Sueur la force et la santé se sont éteintes avant l'âge? Il n'était pas besoin, pour abréger sa vie, que le plus grand des chagrins, comme on l'a cru probablement à tort[1], eût

1. Voici le fait sur lequel on se fonde pour ne pas admettre que le Sueur, comme l'ont dit plusieurs biographes, eût perdu sa femme dans les derniers temps de sa vie, et que le chagrin eût été en partie cause de sa mort prématurée. On a trouvé dans les registres des naissances de la paroisse de Saint-Louis en l'Ile l'acte de baptême de la dernière fille de le Sueur, à la date du 18 février 1655; or, il est mort le 1er mai de cette même année, c'est-à-dire moins de deux mois et demi après que sa femme était accouchée. Les partisans de la tradition

déchiré son âme; la passion du travail suffisait. Supprimons donc, puisqu'on le veut, ces détails inutiles et peut-être apocryphes; sauvons à le Sueur la douleur d'avoir survécu à sa femme; qu'il meure au milieu des siens, dans son logis, et non dans les bras des chartreux; le deuil n'en est pas moins grand de voir tomber ainsi, à peine au milieu de sa course, un tel talent qui grandissait encore.

Sa mort est du 1er mai 1655; il achevait à peine sa trente-huitième année.

répondent que Mme le Sueur a très-bien pu mourir en couches ou des suites de ses couches; mais comme on possède les *registres des morts* de cette même année, comme on y trouve au 1er mai le décès de le Sueur, et qu'il n'y est au contraire fait aucune mention de celui de sa femme, il y a tout lieu de croire que la tradition est fondée sur un fait sinon tout à fait impossible, du moins très-improbable.

---

## IV

Le Sueur était du nombre de ces hommes dont la fin prématurée est en quelque sorte écrite au front de leur génie. Il y a dans presque toutes ses œuvres, comme dans celles de Raphaël, comme dans les accords de Mozart, je ne sais quelle teinte mélancolique qui semble un avertissement. Il a sans doute assez vécu pour rester immortel parmi les hommes, pas assez pour avoir joui de sa gloire. Ses plus belles journées furent des demi-triomphes, ceux qui le louèrent le plus ne le comprirent qu'à moitié. Il mourut honoré, regretté comme homme de bien, estimé comme artiste, mais à peu près au même titre que ses onze confrères d'Académie; et le jour où son génie fut enlevé aux arts, personne dans tout le royaume ne mesura la perte que venait de faire la France.

Le Brun seul peut-être en avait le sentiment. Le bruit courut alors qu'étant venu par bienséance rendre les derniers devoirs à son confrère, il avait dit en s'en allant que *la mort lui ôtait une grande épine du pied*. Je doute que ces paroles aient été prononcées, bien que le fait soit rapporté par un chartreux, Bonaventure d'Argone : elles sont bien naïves pour être vraies; mais ce qu'il n'aura pas dit, comment croire qu'il ne l'ait pas pensé? Quelque ingrate qu'elle eût été jusque-là pour le Sueur, la fortune, s'il eût vécu, ne pouvait-elle pas enfin lui sourire? Le Sueur mort, au contraire, le Brun n'avait plus rien à redouter. Quel est le peintre français qui pouvait lui disputer le pas? Mignard? Il ne daignait pas même entrer en lice avec lui. Poussin vivait encore, mais à Rome, mais déjà vieux et irrévocablement fixé en Italie. Le seul homme qui pouvait faire ombrage à le Brun, et qui ne songeait guère à l'inquiéter, c'était Philippe de Champagne. Au milieu de toute cette peinture académique sur laquelle le Brun allait bientôt régner, Champagne seul, depuis la mort de le Sueur, restait comme représentant de la vérité et du naturel. Il peignait encore avec ardeur malgré ses cheveux blancs; mais il n'avait pas la moindre brigue, pas la plus légère ambition. On l'avait fait recteur de l'Académie presque malgré lui; et pourtant sa longue carrière, la grande estime qu'il s'était acquise non moins par ses vertus que par ses œuvres, lui donnaient, sans qu'il s'en souciât, une telle puissance, que, lorsque après la mort de Mazarin, le roi, voulant mettre toutes choses sur un pied nouveau, décida qu'il aurait un premier peintre (la charge était vacante depuis la mort de Vouet), il y eut grande indécision parmi ses conseillers pour savoir si son choix devait s'arrêter sur Philippe de Champagne ou sur le Brun, et sans la chaude intervention de Colbert, peut-être ce dernier n'avait-il pas les chances de son côté.

Que serait-il advenu de l'école française, si Champagne eût été préféré? Aurait-il réformé les banalités académiques? Aurait-il fait dominer les idées de simplicité? Non, quand même il eût été plus jeune et cent fois plus hardi. Il y a des réformes impossibles. Et d'ailleurs l'hypothèse est inutile; car, entre Louis XIV et le Brun, il y avait, nous le répétons, harmonie préétablie.

Champagne, en apprenant qu'il avait succombé, remercia Dieu sans doute de lui avoir évité ce calice. Son détachement du monde augmentait tous les jours; parmi les choses de la terre il ne restait plus fidèle qu'à son art : l'admirable portrait de sa fille la religieuse et cet autre portrait de Mme Arnaud, si effrayant de vérité, prouvent que, même au fond des solitudes de Port-Royal, son talent avait conservé toute son énergie. Mais bien qu'il dût prolonger sa vie encore pendant douze ans, il était mort pour Paris, pour la cour, et jamais le bruit de son nom ne vint importuner celui dont il avait été le rival sans le vouloir.

Le Brun était donc maître du terrain. Pendant que le roi et M. de Colbert organisaient l'État et les finances, le premier peintre se mit en devoir d'organiser les arts; et non-seulement les arts, mais toutes les industries entre les doigts desquelles il voyait un crayon. Une main sur l'Académie, dont il était le chef, l'autre sur les Gobelins, dont il était directeur, il devint l'arbitre et le juge suprême de toutes les idées d'artiste, le dispensateur de tous les types, le régulateur de toutes les formes : c'est d'après ses modèles que les enfants dessinaient dans les écoles; c'est lui qui donnait aux sculpteurs le dessin de leurs statues; les meubles ne pouvaient être ronds, carrés ou ovales, que sous son bon plaisir, et les étoffes ne se brochaient que d'après les cartons qu'il avait fait tracer sous ses yeux.

Il est vrai qu'il résulta de cette prodigieuse unité d'organisation une espèce de grandeur extraordinaire, un spectacle imposant dont tous les yeux furent éblouis.

Un tel régime pouvait-il durer?

Le Brun put croire qu'il serait éternel. Quand il mourut, en 1690, ni son maître ni lui n'avaient encore laissé entamer leurs frontières. Mais dans la main de Mignard, et de Mignard déjà vieux, l'autorité perdit cette puissance irrésistible; on commença même à la voir vaciller; et quand enfin ce fût à un Lafosse qu'appartint le gouvernement, on perdit bientôt autant de batailles sur ce terrain-là qu'en perdait sur un autre M. de Villeroy.

La peinture avait beau s'envelopper de l'ampleur de ses draperies et invoquer dans sa détresse l'Italie, l'Académie et l'ombre de le Brun, son théâtre était vermoulu, et tout ce grandiose de friperie allait tomber, usé comme un vieux rideau, devant le dégoût général.

Après une si longue oppression, le besoin de la liberté ne pouvait produire que des saturnales. On ne se contenta pas de répudier le genre académique italien, on voulut insulter à sa cendre comme à celle du vieux monarque; on le dépouilla de son riche manteau pour l'affubler d'une veste de berger ou d'un petit domino de taffetas; on le frisa, on le poudra, on lui mit des mouches, et c'est à cette mascarade que la foule, naguère à genoux devant d'héroïques mannequins, apporta ses hommages et ses couronnes.

Watteau sans doute était homme d'esprit et de talent, vrai coloriste, et rendait merveilleusement la nature de son temps; mais il faut convenir que l'art ainsi compris est en pleine licence et bien près de sa chute. Watteau, c'est la peinture sortant de servitude et brisant, dans un gai délire, le sceptre de le Brun.

Si la tyrannie du goût sous Louis XIV avait enfanté Watteau, ce même Watteau, puis après lui Boucher et toute cette école de boudoir, à force de libertés licencieuses et de naturel dévergondé, allaient nous ramener sous un autre joug. Le nouveau despotisme ne devait être ni moins pédant ni moins gourmé que celui de le Brun, sans avoir comme lui le mérite de la grandeur et de la majesté. Inventé par l'érudition à la vue des premières fouilles d'Herculanum, adopté par la philosophie politique, outré par le fanatisme républicain, ce genre soi-disant antique a fait peser sur nous sa main sèche et glacée pendant près de quarante années.

Mais l'ennui nous en a délivrés : nous sommes libres aujourd'hui; chacun suit son chemin comme il veut, quelques-uns avec plus d'éclat que de vérité, d'autres avec une laborieuse conscience. Notre jeune phalange d'artistes voit à sa tête quelques chefs habiles; il en est un dont les plus grands maîtres auraient envié la main ferme et sûre : que nous manque-t-il donc? Il nous manque d'être venus moins tard, et surtout d'être moins savants. Pour ceux qui veulent être académiques, rien de mieux que ces trois siècles de peinture qui se déroulent sous leurs yeux : il leur faut des exemples, des patrons, des modèles; mais pour qui aspire à la vérité, à la simplicité, quel danger que de si bien connaître les moyens qui furent jadis employés pour être vrai et simple! Quelle tentation d'imiter au lieu de créer, et de tomber ainsi dans cette naïveté intentionnelle et systématique qui n'est, elle aussi, qu'une *manière* comme les formules académiques!

C'est un écueil que n'a pas connu le Sueur : il a été simple, vrai, naïf, parce que sa nature le voulait, jamais de propos délibéré. Il ne s'est pas fait une méthode rétrospective; il ne s'est pas donné je ne sais quel aspect de moyen âge; il s'est montré tel qu'il était : seul moyen de ne ressembler à personne. Aussi, quand on l'appelle le Raphaël français, on se trompe, si l'on veut dire qu'il fut l'imitateur du grand peintre romain : jamais il n'à imité ses œuvres; mais il a trouvé, par bonheur, la route que

Raphaël aurait suivie s'il eût été le Sueur, la voie du vrai beau, c'est-à-dire de l'expression et de la simplicité.



PARIS. — E. DE SOYE, IMPRIMEUR, PLACE DU PANTHÉON, 2.

## PUBLICATI[illegible]

[illegible], 6, rue de [illegible]

**Rapport de M. Hamel**, dans l'Assemblée générale de l'[illegible] de Saint-Michel, le 23 juin 1869.

**Premier voyage d'un enfant**, par SCHUBERT; traduction [illegible] lettre du P. GRATRY, de l'Académie française.

**Les moines en Gaule** (liv. VII), par M. le comte de MONTALEMBERT, de l'Académie française.

**La théologie, sa méthode**, par M. l'abbé BOURQUARD.

### *Sous presse*

**Petits traités sur l'accord des sciences et de la religion**, par le P. DE VALROGER, de l'Oratoire.

PREMIÈRE SÉRIE : Questions de chronologie primitive : l'âge du monde et de l'homme d'après la Bible et l'Eglise, — d'après la géologie et la paléontologie, — d'après l'archéologie assyrienne, égyptienne, indienne et chinoise.

**Un pèlerinage au pays du Cid**, par M. OZANAM.

**L'ancienne religion de l'Egypte**, conférence de M. le vicomte DE ROUGÉ, de l'Institut.

### *A paraître prochainement*

**Le pèlerinage d'Assise**, par M. Edmond LAFOND.

**Fénelon, Education des filles**, nouvelle édition, avec l'*Histoire de l'Education des filles*, par M. FAYET, ancien recteur d'académie, et les *Conseils aux femmes chrétiennes*, par Mgr l'évêque d'Orléans.

**Saint Columba**, apôtre de la Calédonie; nouvelle édition, par M. le comte de MONTALEMBERT, de l'Académie française.

PARIS. — E. DE SOYE, IMPRIMEUR, PLACE DU PANTHÉON.

www.ingramcontent.com/pod-product-compliance
Ingram Content Group UK Ltd.
Pitfield, Milton Keynes, MK11 3LW, UK
UKHW020250250726
13967UKWH00004B/1591